El Acantilado, 229

CRISÓTEMIS

YANNIS RITSOS

CRISÓTEMIS

TRADUCCIÓN DEL GRIEGO
DE SELMA ANCIRA

BARCELONA 2011 ACANTILADO

TÍTULO ORIGINAL *Χρυσόθεμις*

Publicado por
ACANTILADO
Quaderns Crema, S.A.U.

Muntaner, 462 - 08006 Barcelona
Tel. 934 144 906 - Fax 934 147 107
correo@acantilado.es
www.acantilado.es

En la cubierta, fotografía de Selma Ancira

ISBN: 978-84-15277-21-7
DEPÓSITO LEGAL: B. 22 583-2011

AIGUADEVIDRE *Gráfica*
QUADERNS CREMA *Composición*
ROMANYÀ-VALLS *Impresión y encuadernación*

PRIMERA EDICIÓN *junio de 2011*

ΧΡΥΣΟΘΕΜΙΣ

CRISÓTEMIS

(Ἥσυχο ἀπομεσήμερο στά τέλη τοῦ καλοκαιριοῦ. Λιακάδα. Ἀραιά σύννεφα. Κάτι σάν πρώτη πνοή φθινοπώρου. Μιά νεαρή δημοσιογράφος σταλμένη ἀπ'ὄνα μεγάλο συγκρότημα ἐφημερίδων, ἀνηφορίζει τόν ἀρχαῖο, μυθικό λόφο, περνάει τά ἀφρούρητα τώρα προπύλαια, ἀνεβαίνει τά πέτρινα σκαλιά καί χτυπάει τό ρόπτρο τοῦ μισοερειπωμένου ἀρχοντικοῦ. Στήν παλάμη της ἔνιωσε τή ζέστη τοῦ μετάλλου. Ἡ ἴδια ἡ γηραιή Δέσποινα κατέβηκε νά τῆς ἀνοίξει. Τήν ὁδήγησε σ' ἕνα μεγάλο σαλόνι πού μύριζε σκόνη, μαραμένα τριαντάφυλλα, μουχλιασμένο βελοῦδο καί μετάξι. Ἡ νέα τῆς μιλάει μέ σεβασμό. Τῆς ἐξηγεῖ τό σκοπό τῆς ἐπίσκεψής της, –κάποια συνέντευξη, λέει. Κάτι εἶπε ἀκόμα γιά τήν «καθάρια, σιωπηλή, μοναχική της ἐλευθερία». Ἡ Δέσποινα, φανερά συγκινημένη, μ' ἕνα παιδιάστικο ρόδισμα στό ὠχρό, ρυτιδωμένο πρόσωπό της, στριφογυρίζει μέ τόν ἀντίχειρα καί τόν μεσαῖο τοῦ δεξιοῦ χεριοῦ, ἕνα παράξενο δαχτυλίδι πού φοράει στόν παράμεσο τοῦ ἀριστεροῦ. Τήν ἀκούει μ' εὐγενική προσοχή ὅπου μόλις διαφαίνεται κάποια ἀφαίρεση, κάποια ἀμηχανία καί κάποια ἀόριστη προετοιμασία. Σιωπή. Τά σκονισμένα κρύσταλλα τοῦ πολυελαίου ἀστράφτουν πότε-πότε. Ἔξω, στόν κῆπο, ἀκούστηκε ἥμερη ἡ φωνή τοῦ γέρο-κηπουροῦ, – ἴσως μιλοῦσε μ'ἕνα πουλί, μ'ἕνα σκυλί, μ'ἕνα λουλούδι. Ἀμέσως ὕστερα ἀκούστηκαν τά τζιτζίκια σέ ἄξαφνη παραφορά. Τότε, ἡ γηραιή Δέσποινα, σάν ἐνθαρρυμένη καί προστατευμένη ἀπ'αὐτόν τόν συγκεχυμένο θόρυβο, ἄρχισε νά

(Plácida tarde de finales de verano. Soleada. Una que otra nube. Algo como el primer soplo del otoño. Una periodista joven, enviada por un importante grupo de publicaciones, remonta el antiguo y mítico cerro, atraviesa las puertas que ya nadie vigila, sube las escaleras de piedra y golpea el aldabón de la casa señorial que se halla casi en ruinas. Con la palma de la mano percibe el calor del metal. La anciana Señora, en persona, baja a abrirle. La conduce hasta una espaciosa sala que huele a polvo, a rosas marchitas, a seda y a terciopelo enmohecidos. La joven se dirige a ella con gran respeto. Le explica el motivo de su visita, «Una entrevista», le dice. Algo le comenta, además, sobre su «libertad pura, silenciosa y solitaria». La Señora, visiblemente conmovida, con un rubor infantil en su rostro pálido y surcado de arrugas, hace girar con los dedos pulgar y medio de la mano derecha una curiosa sortija que lleva en el anular de la mano izquierda. La escucha con una atención educada, en la que apenas si se adivina cierta ausencia, cierta perplejidad y una predisposición imprecisa. Silencio. Las empolvadas lágrimas de cristal del candelabro lanzan de cuando en cuando algún reflejo. Afuera, en el jardín, se oye apacible la voz del viejo jardinero que conversa, quizá, con un pájaro o con un perro, o tal vez con una flor. Inmediatamente después se dejan oír las cigarras con un ímpetu repentino. Entonces la anciana Señora, como alentada y protegida por aquel confuso abejeo, comienza a hablar con un tono moderado que, sin embargo, no ocul-

μιλάει σ'ἕναν τόνο μετρημένο πού, ὡστόσο, δέν καλύπτει κάποια ἀπόχρωση μακρινῆς, ἀνεξήγητης εὐδαιμονίας. Ἕνα πουλί στάθηκε στό περβάζι τοῦ παράθυρου. Συγκατάνευσε. Ἔφυγε).

Πῶς ἔγινε καί μέ θυμήθηκαν; Ἐμένα κανένας ποτέ
δέ μέ θυμᾶται. Κανένας
ποτέ δέ μέ πρόσεξε. Παράπονο δέν ἔχω. Καλά μοῦ
εἶταν ὅλα, κ' ἴσως καλύτερα ἔτσι.
Ξέρετε, στο πέρασμα τοῦ χρόνου,
τά πάντα, ὅσο πικρά ἤ καί τρομερά, μᾶς φαίνονται
σάν ἀπαραίτητα,
σάν χρήσιμα κι ὄμορφα μάλιστα. Καί τοῦτο τό
τραχύ βουνό ἀπό πάνω μου
εἶταν μιά συντροφιά –μιά προστασία σχεδόν,–
ντυνόμουν τόν ἴσκιο του.

Λοιπόν, μές ἀπό τήν ἀφάνειά μου, χαιρόμουν νά
βλέπω καί ν' ἀκούω. Μποροῦσα
νά ὀνειρεύομαι ἐλεύθερα. Εἶταν ὄμορφα, ἀλήθεια
–σάν νἄζησα
ἔξω ἀπ' τήν ἱστορία, σ' ἕναν δικό μου ἀνέγγιχτο,
ἀπόλυτο χῶρο,
προφυλαγμένη καί παροῦσα ὡστόσο.
Ὧρες ὁλόκληρες παρατηροῦσα
τό ἀποκλεισμένο νερό μές στό ποτήρι μέ τούς
σάπιους μίσχους
ἀπό λουλούδια ξεχασμένα ἐκεῖ· –κάτι βελούδινο
καί γλοιῶδες

ta cierto matiz de un bienestar lejano e inexplicable. Un pájaro se posa en el alféizar de la ventana. Da su beneplácito. Emprende el vuelo).

¿Qué ocurrió para que se acordaran de mí? De mí no
se acuerda nadie. Nunca
nadie me ha prestado atención. No tengo queja.
A todo me avenía, y quizá fuese mejor así.
¿Sabe?, con el paso del tiempo,
todo, por amargo o terrible que sea, nos da
la impresión de ser necesario,
útil, incluso bello. Hasta este tosco cerro que tenía
yo encima
era una compañía—casi un amparo—, me vestía con
su sombra.

Y así, desde mi insignificancia, estaba encantada
de ver y oír. Podía
soñar en libertad. Era hermoso, de verdad,
era como vivir
al margen de la historia, en un espacio mío, intacto
e incondicional,
protegida y, sin embargo, presente.
Pasaba horas enteras observando
el agua estancada en el jarrón con los tallos
podridos
de unas flores olvidadas; —algo aterciopelado
y viscoso

ἔμενε στό ποτήρι, ἁπλωνόταν στήν κάμαρα, σ' ὅλο
τό σπίτι–

Κ' ἐκείνη ἡ κούραση κ' ἡ ἀναβολή –γεμάτη εὐγένεια–
νά μήν μπορεῖς νά πάρεις τά λουλούδια νά τά ρίξεις
ἔξω ἀπ' τό παράθυρο, στόν κῆπο,
νά πλύνεις τό ποτήρι· – γιατί τάχα; – Τό σάπιο
στεφάνι
θἄμενε πάλι μυστικά μές στό ποτήρι, μές στό σπίτι,
ὁλόγυρα στά μέτωπά μας–
κάτι βαθύ καί τρομερό, πού δέν τοὔλειπε ὡστόσο
κάποια χάρη.

Πρός τί, λοιπόν, ἡ ἐπέμβασή μας; Πολύ νωρίς
διδάχτηκα
πώς τίποτε κανένας δέν μπορεῖ νά ἀποτρέψει.
Τά βράδια
τό ζεστό χνῶτο ἀπ' τούς τοίχους τῶν σπιτιῶν
ξεχύνεται στό δρόμο·
ἡ σκιά ἑνός πελώριου ἀλόγου ἀτμίζεται στό
φεγγαρόφωτο. Ἄν τοῦτο δέν εἶναι
ἀπάντηση σέ τίποτε, θαρρῶ πώς δέν ὑπάρχει
ἀπάντηση.

Μεγάλα φέρετρα περάσαν ἀπό τούτη τήν πύλη –
μεγάλα σάν καράβια·
νεκροί μέ ἐπίσημες στολές, μέ ψηλά κράνη,
σκεπασμένοι μέ σημαῖες καί λουλούδια,

quedaba en el jarrón, se extendía por la estancia, por
la casa toda.

Y ese cansancio y la demora—llena de amabilidad—
ese no poder coger las flores y echarlas por la
ventana, al jardín,
para lavar el jarrón—¿con qué fin?—. La corona
podrida
permanecería misteriosamente ahí, en el jarrón,
en la casa, ciñendo nuestras frentes
—algo profundo y atroz, a lo que no le faltaba,
sin embargo, cierta gracia.

¿A qué, pues, nuestra intervención? Muy pronto
aprendí
que nunca nadie puede eludir nada.
Por las tardes
se derrama sobre la calle el aliento cálido de
las paredes de las casas;
la sombra de un enorme caballo se evapora a la luz
de la luna. Si esto no es
una respuesta, diría que no existe
la respuesta.

Grandes féretros pasaron por esta puerta—grandes
como barcos;
muertos con uniformes oficiales, con altos cascos,
cubiertos de banderas y de flores,

κι ἄλλοι γυμνοί, ντυμένοι μόνο τήν ὠχρότητά τους
καί τήν ἀπορία τους,
κι ἕνα σφαγμένο κορίτσι, μ' ἕνα τεράστιο,
κάτασπρο πέπλο· ὁ ἀέρας
ἀνέβασε ψηλά τό πέπλο, τὄδεσε πάνω σ' ἕνα
σύννεφο ἀνοιξιάτικο
κ' ἔμεινε ἐκεῖ, νά κυματίζει ἐρημικό, φέγγοντας
πότε-πότε
μέ γαλανές ἀνταύγειες τό προαύλιο καί τή σκάλα.
Ἴσως καί νἆταν
ἀνταύγειες ἀπ' τούς χαρταϊτούς πού ὑψώνανε στό
διπλανό χωράφι
οἱ συνομήλικοί της, γιατί ἄλλαζαν κάθε τόσο τά
χρώματα· –τά ἔβλεπα
στούς μηρούς καί στα στήθη ἑνός ἀγάλματος ἔξω
στόν κῆπο. Μά πάλι
δέν εἶταν παρά μόνο οἱ γαλανοί κυματισμοί τοῦ
ἄσπρου πέπλου.

Ἔφυγαν. Τίποτα δέν ἔχει μείνει. Ὅλα τά ξόδεψαν
γιά τό ὄνομά τους
κι ὄχι γιά τόν ἑαυτό τους –(μήπως τάχα κ' ἐμεῖς;).
Δέ μετανιῶσαν.
Ἄλλωστε εἶταν ἀργά κάθε φορά νά μετανιώσουν.
Δέν χρειαζόταν.

Στό γυρισμό ἀπ' τό κοιμητήρι, ὅλοι κοιτούσαμε
κάτου τό χῶμα.
Γινόταν μιά μεγάλη παύση τόσο πού θά νόμιζε κανένας

otros, desnudos, vestidos sólo con su palidez
　　y su desconcierto,
y una jovencita degollada, con un peplo blanco,
　　infinito; el aire
alzó muy alto el peplo, lo ató a una nube de
　　primavera
y ahí lo dejó, ondeando solitario, lanzando de tanto
　　en tanto
destellos azules sobre el pórtico y la escalera.
　　Quizá los destellos
fuesen de las cometas que en el campo vecino
　　volaban
los chicos de su edad, porque los colores no hacían
　　más que cambiar; —yo los veía
en los muslos y en los pechos de una estatua
　　en el jardín. Aun así,
no eran sino las ondulaciones azuladas de ese peplo
　　blanco.

Se fueron. No quedó nada. Todo lo gastaron en aras
　　de su nombre
y no de sus personas (¿habremos hecho lo mismo?).
　　No se arrepintieron.
Por otro lado, siempre era tarde para arrepentirse.
　　No hacía falta.

De vuelta del cementerio, todos mirábamos
　　al suelo.
Se hizo una larga pausa, tan larga que parecía

πώς ὅπου νἆναι θά σκεφτόμαστε κάτι
ἐπιτέλους.
Κι ἄξαφνα
ἀκούγονταν χιλιάδες δυνατές ὁπλές κάτω στόν
κάμπο καί στούς δρόμους–
οἱ καβαλλάρηδες ξεπρόβαιναν πίσω ἀπ' τίς λεῦκες·
κλεῖναν τά περάσματα·
σημαῖες μεσίστιες κι ἄλλες ἀναπεπταμένες μές στό
ντουφεκίδι.

Δέν ἤξερες ποιοί φτάναν καί ποιοί φεῦγαν – τί
γινόταν. Ἄλλοι τρέχαν,
ἄλλοι κρυβόνταν, ἄλλοι κάτι γράφανε στό γόνατό
τους, ἄλλοι αὐτοκτονοῦσαν,
ἄλλοι ἐκτελοῦνταν τά χαράματα μπροστά στό
γυμνό τοῖχο τοῦ τουβλάδικου,
ἄλλοι συνεργαζόνταν μέ τά δύο κουμπιά τοῦ
γιλέκου τους ξεκούμπωτα ἀκόμη.

Παρατημένες ἀγελάδες σεργιανούσανε στήν ἀγορά
περίσκεπτες,
κοιτοῦσαν τά ρολόγια, τούς καθρέφτες, τίς βιτρίνες
τῶν καταστημάτων
σά νἆταν ν' ἀγοράσουνε καινούργια γοῦνα. Μιά
παλιά ζυγαριά
εἶταν πεσμένη ἀνάσκελα στή μεγάλη ἀποθήκη. Τήν
ἔστησαν πρόχειρα
κι ἄρχισαν πάλι νά ζυγιάζουν τσουβάλια, βαρέλια,
κασόνια,

que de un momento a otro, por fin, algo se nos
ocurriría.
Y de pronto
miles de sonoras pezuñas se oyeron abajo
en el campo y en las calles—
los jinetes surgieron de detrás de los álamos;
cerraron los pasos;
banderas a media asta, otras desplegadas en pleno
tiroteo.

No se sabía quiénes llegaban y quiénes se iban—qué
ocurría. Unos corrían,
otros se ocultaban, otros escribían algo sobre sus
rodillas, otros se suicidaban,
otros eran ejecutados de madrugada frente al muro
desnudo de la fábrica de ladrillos,
otros se entretenían con los dos botones de su
chaleco aún sin abotonar.

Vacas abandonadas deambulaban circunspectas por
el mercado,
miraban los relojes, los espejos, las vitrinas de las
tiendas
como si fuesen a comprarse una piel nueva. Había
una vieja balanza
caída boca arriba en la bodega grande. De inmediato
la enderezaron
y se pusieron de nuevo a pesar sacos, barriles,
cajones,

καλάθια, ντενεκέδες, νταμιτζάνες. Ἄλλοι ζυγιάζαν
τά μικρά παιδιά τους.
Κάποιος ἔφερε νά ζυγιάσει ἕνα πουλί. Τό πουλί
πέταξε· βγῆκε ἀπ' τήν πόρτα.
Ἐκεῖνος φώναξε: «Δέν ἔχει βάρος, δέν ἔχω βάρος,
δέν ἔχουμε βάρος·
χανόμαστε· χαθήκαμε· χάσαμε τό βάρος μας·
πετᾶμε»–
κι ἄνοιγε διάπλατα τά χέρια του σά νἆταν ὄντως νά
πετάξει.
Το γέλιο του ἀκουγόταν πέρα ἀπ' τά μεσάνυχτα,
κοντά στό ποτάμι.

Ὕστερα τίποτα. Μήτε κατάρες πιά καί μήτε
ἐπευφημίες. Μόνη μορφή ἐλευθερίας
ἀπόμεινε ἡ σιωπή. Στά ἐγκαταλελειμμένα περιβόλια
θεριεῦαν οἱ τσουκνίδες, τά σπερδούκλια καί κάτι
παράξενα ἀγκάθια
μέ ἄγνωστα χρυσαφιά λουλούδια σάν ἀστέρια
ἐρήμωσης. Τά πηγάδια στερέψαν –
ἄν ἔρριχνες μιά πέτρα χτυποῦσε στήν πέτρα, κι ὁ
ἦχος συνεχιζόταν
σ' ἕνα ἀτελεύτητο βάθος ὥς τήν ἄλλη μεριά· κι ἄν
κοιταζόσουν μέσα,
ἕνα μονάχο μάτι, σκοτεινό, χωρίς τσίνορα, σέ
κοιτοῦσε κατάματα,
κάνοντας κοῖλο ὁλόκληρο τό πρόσωπό σου σά μιά
ξέβαθη τρύπα.

canastos, bidones, damajuanas. Otros pesaban a sus
hijos pequeños.
Alguien trajo un pájaro a pesar. El pájaro voló; salió
por la puerta.
Ese alguien gritó: «No pesa, no peso,
no pesamos;
nos perdemos, nos perdimos, perdimos nuestro
peso; volamos».
Y extendió los brazos como si de veras fuese
a volar.
A la vera del río, su risa se oía pasada la
medianoche.

Después nada. Ni maldiciones ni aclamaciones. La
única forma de libertad
sigue siendo el silencio. Los huertos abandonados
se cubrieron rápidamente de ortigas, de asfódelos
y de extrañas espinas
con desconocidas flores doradas que parecían estrellas
de la desolación. Los pozos se secaron—
si arrojabas una piedra, iba a dar contra la piedra,
y el eco se prolongaba
en una profundidad interminable hasta el lado
opuesto; y si mirabas dentro,
un ojo, solo, oscuro, despestañado, te miraba
fijamente,
haciendo hueco todo tu rostro como un hoyo no muy
hondo.

Ἀργότερα ἔπιασαν μεγάλα κρύα. Κοπάδια λύκοι
κατεβαῖναν
στά χωριά καί στήν πόλη. Ὅλοι κλειδώνονταν στά
σπίτια. Χιόνισε κιόλας.
Ἕνα ἀπερίγραπτο ἄσπρο εἶχε σκεπάσει τίς στέγες,
τά δέντρα, τή μνήμη,
σάν εὐλάβεια, σάν ἄφεση, – καθώς ἐκεῖνο τό πέπλο
πού σᾶς ἔλεγα –
καί πίσω του διακρίνονταν ὅλο τό μαῦρο,
ἀτεμάχιστο, ἀνώδυνο, ἤρεμο.

Τά ξημερώματα βρίσκαν στούς δρόμους ψόφια
πρόβατα, σκυλιά, γαϊδούρια,
κάτι λιγνά, περίλυπα ἄλογα. Τά μελίσσια εἶχαν
ἀφήσει τίς κυψέλες τους.
Τό καλαμπόκι, τό κριθάρι, τό στάρι ακριβαίνανε.
Ὡστόσο,
κάποιο πρωϊνό, πού ἄνοιξα τά παντζούρια, εἶδα
τριγύρω στή μάντρα τοῦ κήπου
ἕνα σωρό παιδιάστικους, χάρτινους ἀνεμόμυλους.
Μπορεῖ καί νἆταν
αὐτός πού πῆγε νά ζυγιάσει τό πουλί. Στό δρόμο
ἀκούστηκε πάλι
ἕνα παιδί νά διαλαλεῖ κουλούρια· – ἡ φωνή του καί
τό ἄρωμα
ἀπό ζεστό ψωμί καί σουσάμι ξανάδινε σχῆμα στά
δέντρα, στίς πόρτες,
στά χέρια καί στά πρόσωπα. Τό διάφανο πρωϊνό
φεγγάρι
ἀποτραβιότανε μέ βήματα ἔνοχα, τριανταφυλλένια,

Después llegaron los grandes fríos. Manadas
de lobos bajaron
a los pueblos y a la ciudad. Todos se encerraron
en sus casas. Incluso nevó.
Un blanco indescriptible había cubierto los tejados,
los árboles, la memoria,
como devoción, como absolución—como aquel
peplo del que le hablé—
y debajo se distinguía lo negro, íntegro, indoloro,
apacible.

Las madrugadas encontraban en las calles corderos,
perros y burros muertos,
algunos caballos flacos y entristecidos. Las abejas
habían abandonado sus colmenas.
El maíz, la cebada, el trigo se encarecían.
No obstante,
una mañana, al abrir las persianas, vi sobre la tapia
del jardín
un montón de molinos de papel, pequeñitos,
de juguete. Tal vez fueran
de quien quiso pesar al pájaro. En la calle volvió
a oírse
a un niño pregonar rosquillas; —su voz
y el olor
a pan caliente y a sésamo dieron de nuevo forma
a los árboles, a las puertas,
a las manos y a los rostros. La luna transparente
del alba
se retiraba con pasos culpables, rosados,

πλάϊ σέ μιά σιδερένια σκάλα ὑπηρεσίας, στριφτή,
σκουριασμένη.

Φώναξα τότε τή μεγάλη ἀδελφή μου. «Κοίτα,
κοίτα», τῆς εἶπα. Μετροῦσα:
«δυό, τρεῖς, ἑφτά, δεκάξη, δεκαεννέα», τούς
ἀνεμόμυλους. Ἐκείνη
στράφηκε πρός τά ἐκεῖ· δέν εἶδε τίποτε· γύρισε καί
μέ κοίταξε
κι ἀμέσως ἔφυγε ὀργισμένη. Ἐγώ λυπήθηκα σά
νἆχα φταίξει.
Ἔσκυψα πάλι ἀπ' τό παράθυρο. Τίποτε, ἀλήθεια.
Οἱ ἀνεμόμυλοι εἶχαν φύγει.

Ἐκεῖνο τόν παλιό καιρό, μιά μέρα, κάτω στόν κῆπο,
– θυμᾶμαι –
ἡ μουσική τῶν τζιτζικιῶν, ὅπως ἀπόψε περίπου,
κατέβαινε ἀπ' τά πεῦκα
μέσα στό θορυβῶδες φῶς, τό διακοπτόμενο κάποτε
ἀπ' τήν πνοή μιᾶς αὔρας. Καί τότε τά φύλλα τῶν
εὐκάλυπτων
ἄγγιζαν στιγμιαῖα τή σιωπή. Οἱ σκιές
στό χῶμα
γίνονταν χρυσογάλανες, σκοτεινές, ἐπιμήκεις.
Σέ λίγο
ἔσβηναν πάλι τά πάντα. Ὅμως ἐκείνη ἡ ἐλάχιστη
σιωπή
ἀπόμενε σάν μιά μαβιά κηλίδα στόν κατάφωτο
ἀέρα. Θυμᾶμαι

al lado de una escalera de servicio, de caracol,
oxidada.

Entonces le grité a mi hermana mayor: «Mira, mira»,
le dije. Y contaba:
«Dos, tres, siete, dieciséis, diecinueve», los molinos
de viento. Ella
giró la cabeza hacia allá; no vio nada; se volvió,
me miró
y de inmediato partió furiosa. Me entristecí como
si yo tuviese la culpa.
Volví a asomarme por la ventana. Nada, era cierto.
Los molinos de viento se habían ido.

Allá en los viejos tiempos, un día, en el jardín—lo
recuerdo—,
la música de las cigarras se descolgaba de los pinos,
como hoy,
en medio de la escandalosa luz. De vez en cuando,
un soplo de brisa la detenía. Las hojas de los
eucaliptos
rozaban por momentos el silencio. En el suelo,
las sombras
se hacían dorado-azuladas, oscuras, alargadas.
Al poco,
todo se apagaba de nuevo. Sin embargo, aquel escaso
silencio
perduró como una mancha malva en el aire repleto
de luz. Recuerdo

τίς ψάθινες πολυθρόνες τοῦ κήπου, ζεστές ἀπ' τόν
ἥλιο, νά στέκουν
ἐμπεριστατωμένες, θετικές, ἀξιόπιστες, στά
τέσσερα πόδια τους. Αὐτό μονάχα.

Κ' ἐκείνη ἡ κηλίδα, σάν ἀπό τζάμι μακρινοῦ
παραθύρου,
μετατοπίζονταν ἀπ' τίς πλεχτές πολυθρόνες στό
τραπέζι, κ' ἐκεῖ σταματοῦσε
πλάϊ στά ἀσημένια κουταλάκια. Τά ποτήρια τοῦ
προγεύματος κάτω ἀπ' τά δέντρα
γίνονταν τότε γαλανά μέ πράσινες κουκκίδες. Μιά
μέρα
χύθηκε τό νερό στό φόρεμα τῆς ἀδελφῆς μου, –
μιά λουλακιά ζωγραφιά σχεδιάστηκε πάνω του.
«Δῶσ' το μου νά στό πλύνω», φώναξα.
«Δέν εἶναι τίποτα, – λέει· – τό νερό δέ λεκιάζει».
«Δῶσ' το μου, δῶσ' το μου»,
φώναξα πάλι. Ὅλοι μέ κοίταζαν. Σώπασα. Κ' ἡ
ζωγραφιά μεγάλωνε,
γέμιζε ὁλόκληρο τό φόρεμα, τά χέρια της, τά πόδια
της, τό πρόσωπό της, –
ἡ ἀδελφή μου εἶχε γίνει γαλάζια· μόνο ἡ ἄκρη ἀπ' τό
ἕνα της σαντάλι
ἀπόμεινε λευκή. Κανείς δέ βλέπει τά ὁλοφάνερα.
Τά ἄλλα –
ὤ, τά ἄλλα – ποιά; – μετακινήσεις, ἀσχολίες,
χειρονομίες
μές στό ἀμετάβλητο καί τό ἀμετακίνητο, πού λένε.
Δέ βλέπουν καθόλου.

que los sillones de paja del jardín, calientes de sol,
    se alzaban
solícitos, prácticos, dignos de confianza sobre sus
    cuatro patas. Sólo eso.

Y aquella mancha, como del cristal de una ventana
    distante,
iba de los sillones trenzados a la mesa, y ahí
    se detenía
junto a las cucharitas de plata. Los vasos del
    desayuno, a la sombra de los árboles,
se teñían de azul con pintas verdes.
    Un día
el agua se regó sobre el vestido de mi hermana, —
un dibujo añil se esbozó en él. «Dámelo, te lo lavo»,
    grité.
«No es nada—dijo—, el agua no mancha». «Dámelo,
    dámelo»,
grité de nuevo. Todos me miraron. Guardé silencio.
    Y el dibujo crecía,
cubrió el vestido de mi hermana, sus brazos,
    sus piernas, su cara, —
mi hermana se había vuelto azul; sólo la punta de una
    de sus sandalias
seguía siendo blanca. Nadie ve lo que está a la vista.
    Lo otro—
oh, lo otro—¿qué otro?—traslados, quehaceres,
    ademanes
dentro de lo inalterable y de lo inamovible, como
    se suele decir. No ven nada.

Καλύτερα τάχα; Χειρότερα; – Ποιός ξέρει; – Δέ
βλέπουν.

Ἀποτραβήχτηκα ἐδῶ πέρα. Εἶναι ἥσυχα. Μήτε ὁ
ἀπόηχος δέ φτάνει
ἀπ' τίς γεννήσεις, τούς γάμους, τούς θανάτους.
Κουράστηκα. Τά ἴδια καί τά ἴδια –
ἄλλοι ἀνεβαίνουν, ἄλλοι κατεβαίνουν – ἴδιοι οἱ
πρῶτοι κ' οἱ δεύτεροι κ' οἱ τρίτοι,
(κ' οἱ πιό καλοί, σάν φτάσουνε στήν εξουσία –
ξέρετε). Ἕνας τοῖχος
με σκουριασμένους γάντζους ὥς ἐπάνω ψηλά, μές
στή νύχτα. Ποτέ μου
δέν τά κατάφερα νά πιαστῶ σ' ἕνα γάντζο ν' ἀνέβω·
– δέν προσπάθησα, βέβαια·
ξεχνιόμουνα κοιτάζοντας ἕνα ἄστρο διαλυμένο
στό νερό σά μιά σταγόνα λεμόνι
μέσα στο τσάϊ, – ξάνθαινε κάπως τό σκοτάδι. Ὅλοι
φοβόμασταν. Κ' ἴσως πιότερο ἐκεῖνοι.

Ὡστόσο αὐτή ἡ κουραστική ἐπανάληψη, στό τέλος-
τέλος, σάν νά μεταλλάζει
σέ κάτι ὡραῖο καί σχεδόν ὑγιεινό· – σοῦ δίνει τήν
ἐντύπωση, ἔτσι κάπως,
τοῦ φευγαλέου καί τοῦ ἀνεξάντλητου ταυτόχρονα
– μιά γαλήνια διάρκεια,
κάτι ἄγνωστο καί οἰκεῖο, – σέ ἀλαφρώνει· – μιά ἰδέα
τρομερῆς αἰωνιότητας–
αἰωνιότητας ὡστόσο.

¿Será mejor así? ¿Será peor?—¿Quién sabe?—. No
ven.

Me retiré a este lugar. Es tranquilo. Ni siquiera llega
el eco
de los nacimientos, las bodas, los fallecimientos.
Estoy cansada. Siempre lo mismo:
unos suben, otros bajan—siempre iguales los
primeros y los segundos y los terceros
(y los mejores, en cuanto llegan al poder—ya sabe
usted). Un muro
con garfios oxidados hasta muy arriba, en medio
de la noche. Nunca
he conseguido asirme a uno de los garfios y subir;
—tampoco lo he intentado, es cierto;
me distraía mirando una estrella disuelta en el agua
como una gota de limón
en el té, —de alguna manera aclaraba la oscuridad.
Todos teníamos miedo. Aunque quizá ellos más.

Sin embargo, esta fatigosa reiteración, al final—final,
parece transformarse
en algo bello, casi saludable; —te da la impresión,
de alguna manera,
de lo fugaz y de lo inagotable a un mismo tiempo
—una permanencia serena
algo desconocido y cercano—, te alivia; una idea
de formidable eternidad—
eternidad pese a todo.

Ἕνα ἥσυχο χαμόγελο κρέμεται μέσα μας,
ὅπως κρεμᾶμε σ' ἕνα ἔρημο δωμάτιο ἕναν πίνακα –
μιάν ἀρχαία ναυμαχία
σέ σκοτεινό πράσινο χρῶμα, νύχτα, μέ χρυσά καί
κόκκινα στίγματα· στήν ἄκρη,
μπροστά, στήν ἀμμουδιά, διακρίνεται ἕνας γέρος
χωλός ναυτικός· ἔχει ἀνάψει
λίγη φωτιά κ' ἔχει στημένη σέ δυό πέτρες τή χύτρα
του –
ἔτσι μονάχος, ἔτσι ἀπόμαχος, σάν ἔξω ἀπ' τόν κόσμο,
στεριώνοντας τόν κόσμο πάνω σέ δυό πέτρες
καπνισμένες.
Αἰσθάνεσαι μιά μυρωδιά ψαρόσουπας σ' αὐτόν τόν
πίνακα,
μιά μυρωδιά ταπεινοσύνης καί βουβῆς ἐλευθερίας –
τῆς μόνης.
Τό σάλιο σοῦ γεμίζει τό στόμα· – νιώθεις πάλι νά
πεινᾶς – καί σ' ἀρέσει.

Γιά τ' ἄλλα – μήτε μάθαμε τί φταίει, ποιός φταίει.
Ἀπό τά πρίν τραβηγμένος ὁ κλῆρος.
Δέ μ' ἄρεσαν τά τυχερά παιχνίδια, οἱ λοταρίες. Δέν
ἔπαιξα ποτέ μου. Κάποτε, ἡ μητέρα
τράβηξε στ' ὄνομά μου ἕνα λαχνό.
Μοὔπεσε τότε
ἕνα μεγάλο κινέζικο βάζο· – βρίσκεται ἀκόμη
σ' ἐκεῖνο τό δωμάτιο τῶν ἀχρήστων. «Παράξενο»,
εἶπε ἡ μητέρα, «νἄχει τύχη τοῦτο τό παιδί.
Παράξενο», εἶπε πάλι.

Una apacible sonrisa se cuelga en nosotros,
como nosotros colgamos un cuadro en una habitación
vacía—una batalla naval en la Antigüedad,
en tonos verde oscuro, de noche, con señales
doradas y rojas; en el extremo,
delante, sobre la arena, se distingue a un marinero
viejo, cojo; ha encendido
una débil hoguera y ha colocado una olla encima
de dos piedras—
tan solo, tan solitario, como fuera del mundo,
asentando el mundo sobre dos piedras
ahumadas.
Se siente el olor a sopa de pescado en
ese cuadro,
un olor a humildad y a libertad muda—la
única.
Se te llena la boca de saliva; —sientes que tienes
hambre—y te agrada.

En cuanto a lo demás—ni siquiera supimos quién o
qué tuvo la culpa. La suerte ya había sido echada.
No me gustaban los juegos de azar, las loterías.
Nunca he jugado. Alguna vez mamá
compró en una rifa un billete para mí. Me tocó
entonces
un gran jarrón chino, —aún está
en el cuarto de los cachivaches. «Es curioso
que esta niña tenga suerte—dijo mamá—.
Es curioso», volvió a decir.

«Παράξενο· παράξενο». Κ' ἐγώ χαμογελοῦσα. Μέ
τά χρόνια,
ὅλοι τό ξέχασαν. Ἐγώ τό θυμόμουν. «Ἔχω τύχη,
ἔχω τύχη»,
ἔλεγα καί ξανάλεγα καθώς κατέβαινα τή μέσα
σκάλα, τό βράδι,
ἤ καθώς πλάγιαζα μέ σβηστό φῶς, παρατηρώντας,
κολλημένο στό τζάμι,
τό ρόδινο φρύδι τοῦ νέου φεγγαριοῦ· – «ἔχω τύχη,
ἔχω τύχη». Καί τότε,
ἕνα λεπτό κοριτσίστικο γέλιο χυνόταν σά νερό ἀπό
στενόλαιμο λαγήνι
ψηλά, ἀπό κάποιο φωτισμένο παράθυρο, στό
σκοτεινό θερινό κῆπο.

Ὤ, ναί, στάθηκα πάντα τυχερή· – παράξενο. Οὔτε ἡ
ἴδια
δέν ἤθελα νά τό πιστέψω. Παραξενεύομαι ἀκόμη
καί τώρα· –
γι' αὐτό καί ἡ συστολή κ' ἡ εὐγνωμοσύνη μου σάν
τύχαινε κάποιος
παιδαγωγός, μουσικός ἤ ὁ κηπουρός νά μοῦ
ἀπευθύνει
μιά «καλησπέρα» ἤ «καληνύχτα». Γύριζα γύρω μέ
προφύλαξη τό βλέμμα
νά δῶ μήπως καί χαιρετοῦσαν κάποιον ἄλλο. Ἕνα
χαμόγελο τεράστιο
μοῦ γέμιζε τό πρόσωπο, ξεχείλιζε ἀπ' τ' αὐτιά μου· –
εἶταν ἄπρεπο – τό ξέρω–
δοκίμαζα νά τό περιορίσω· πάσκιζα· δέν τό μποροῦσα· –

«Es curioso; es curioso». Y yo sonreía.
Con los años,
todos lo olvidaron. Yo me acordaba. «Tengo suerte,
tengo suerte»,
repetía una y otra vez mientras bajaba de noche por
la escalera interior
o cuando me acostaba con la luz apagada,
y observaba, pegada al cristal,
la ceja arrebol de la luna nueva; —«Tengo suerte,
tengo suerte». Y entonces,
una fina risa de muchacha se derramaba como agua
desde un cántaro de cuello largo,
desde arriba, desde una ventana iluminada,
se derramaba sobre el oscuro jardín estival.

Oh, sí, siempre me he sentido afortunada; —es
curioso. Ni yo misma
quería creerlo. Aún ahora me
sorprende; —
de ahí mi retraimiento y mi agradecimiento cuando
alguien,
maestro, músico o jardinero,
me dirigía
un «Buenas tardes» o un «Buenas noches». Miraba
alrededor con cautela,
no fuera que estuviese saludando a alguien más.
Una sonrisa inmensa
me llenaba la cara, se desbordaba por mis orejas;
—no estaba bien—lo sé—
intentaba contenerla; evitarla; no lo lograba; —

μονάχα σφίγγοντας τά φρύδια του μπορεί κανείς νά
περιορίσει
ἕνα χαμόγελο, (κ' ἴσως καί νἄχουν δίκιο αὐτοί πού
λένε:
οἱ συνοφρυωμένοι εἶναι οἱ πιό πρᾶοι, οἱ πιό γλυκεῖς
καί ταπεινόφρονες
καί δυνατοί μαζί, πολύ δυνατοί, – μπορεῖ νἄχουν
δίκιο), ἐγώ δέν τό μποροῦσα.

Ἀργά τό ἀπόγευμα, χειμώνα-καλοκαίρι, στόν κῆπο,
ἤ ἐδῶ στό παράθυρο, κάτω
ἀπ' τήν ἐπίδραση τοῦ ἀποσπερίτη, ἀνέβαζα τ'
ἀριστερό μου χέρι
ν' ἀγγίξω τά χείλη μου, ἀργά, προσεχτικά,
ἀφηρημένα, γύρω-γύρω,
σά νἆταν νά βοηθήσω στό σχηματισμό μιᾶς
ἄγνωστης λέξης ἤ σά νἆταν νά στείλω κάπου
ἕνα φιλί ἀναβλημένο.
Κεῖνα τά χρόνια,
πολλές φορές, σεργιανώντας μονάχη στόν κῆπο,
μοὖχε τύχει
νἄρχεται ἀθόρυβα πίσω ἀπ' τή ράχη μου ἡ σελήνη,
καί ξάφνου
νά μοῦ σκεπάζει με τις δυό παλάμες της τά μάτια.
«Ποιος εἶμαι;», ρωτούσε.
«Δέν ξέρω, δέν ξέρω», ἀποκρινόμουν γιά νά μέ
ξαναρωτήσει.

sólo frunciendo las cejas se puede
contener
una sonrisa (y quizá tengan razón aquellos
que dicen:
«Los de ceño fruncido son los más dóciles, los más
dulces y humildes,
fuertes al mismo tiempo, muy fuertes», quizá tengan
razón), yo no lo lograba.

Bien entrada la tarde, en invierno y en verano, en el
jardín o aquí, en la ventana, bajo
la influencia del lucero vespertino, levantaba mi
mano izquierda
para rozar mis labios, lenta, cautelosa,
distraídamente, para pasar mis dedos alrededor,
como si quisiera ayudar a la formación de una
palabra desconocida o como si quisiera enviar
un beso postergado.
En aquellos años,
muchas veces, cuando deambulaba sola por el jardín,
la luna
llegaba silenciosa por detrás de mi espalda, y de
pronto
me tapaba los ojos con sus manos. «¿Quién soy?»,
preguntaba.
«No sé, no sé», respondía para que me preguntara de
nuevo.

Ἐκείνη δέ ρωτοῦσε πιά. Χαλάρωνε τά δάχτυλά της.
Ἔστρεφα πίσω.
Οἱ δυό μας, πρόσωπο με πρόσωπο. Τό δροσερό
μάγουλό της
Πάνω στό μάγουλό μου· κι ὅλο τό χαμόγελό της –
τῆς τό ἅρπαζα κ'ἔτρεχα·
μέ κυνηγοῦσε ὁλόγυρα στό συντριβάνι.
Κάποια νύχτα
μ' ἔπιασε ἐπ'αὐτοφώρῳ ἡ μητέρα: «Μέ ποιόν
κουβεντιάζεις;»,
«Κυνηγούσα τή γάτα μή φάει τά χρυσόψαρα»,
ἀποκρίθηκα. «Ἀνόητη»,
εἶπε ἡ μητέρα· «δέν ἐννοεῖς νά μεγαλώσεις». Κείνη
τή στιγμή, ὄντως ἡ γάτα τρίφτηκε στά πόδια
μου. Ἕνα μεγάλο χρυσόψαρο
τινάχτηκε ἔξω ἀπό τό συντριβάνι. Τό ἅρπαξε ἡ
γάτα
καί κρύφτηκε μές στίς τριανταφυλλιές. Φώναξα.
Τήν κυνήγησα –
(τρόμαξα μή μοῦ φάει τὄνα χέρι τῆς σελήνης)· κ'ἡ
μητέρα μέ πίστεψε.

Ἔτσι γίνεται πάντοτε. Δεν ξέρουμε πιά πῶς νά
φερθοῦμε,
πῶς νά μιλήσουμε, σέ ποιόν, καί τί νά ποῦμε.
Μένουμε μόνοι
μέ ἀφανεῖς δυσκολίες, σέ ἀφανεῖς πολέμους, χωρίς
νίκη οὔτε ἥττα,
μέ πλῆθος ἀφανεῖς ἐχθρούς ἤ, μᾶλλον, ἐχθρότητες.
Ὡστόσο

Pero ella ya no preguntaba. Aflojaba los dedos.
Yo me volvía.
Ahí las dos, cara a cara. Su mejilla
fresca
contra mi mejilla; y su sonrisa toda—se la arrebataba
y corría;
y ella me perseguía alrededor de la fuente.
Una noche
mamá me pescó in fraganti: «¿Con quién
conversabas?».
«Perseguía a la gata no fuera a comerse los peces
dorados», respondí. «¡Boba!
—dijo mamá—; no vas a crecer nunca». En ese
momento,
la gata de veras se restregó contra mis piernas.
Un pez grande y dorado
saltó de la fuente. La gata lo atrapó
y fue a ocultarse entre los rosales. Grité,
la perseguí—
(temía que fuera a comerse una mano de la luna);
y mamá me creyó.

Siempre sucede así. Ya no sabemos cómo
comportarnos,
cómo hablar, a quién, ni qué decir. Vivimos
solos
con dificultades menores, en guerras menores,
sin victoria ni derrota,
con una turba de agresores menores o, más bien,
de agresiones. Sin embargo,

καί μέ πολλούς συμμάχους – ἀφανεῖς κι αὐτούς –
  καθώς ἡ σελήνη
τοῦ παλιοῦ κήπου, καθώς τό χρυσόψαρο ἤ ἀκόμη
  κ'ἡ γάτα.

Μιάν ἄλλη νύχτα, (ἔκανε ζέστη ἀφόρητη μές στήν
  τραπεζαρία –καλοκαίρι·
ὀλάνοιχτα παράθυρα· τραβηγμένες κουρτίνες), ἡ
  μητέρα
φαινόταν ὀργισμένη, τό ἴδιο κι ὁ πατέρας, κ'ἡ
  μεγάλη ἀδελφή μου·
μιλοῦσαν δυνατά – μεγάλωνε τό στόμα τους γεμάτο
  σκοτάδι· πότε-πότε
φωτίζονταν ἀπ'τίς λυχνίες ἡ γλώσσα τους σά νά
  πασχίζαν
νά καταπιοῦν μιά γουλιά φῶς· δέν τά κατάφερναν·
  πνιγόνταν·
ἔπνιγε ὁ ἕνας τόν ἄλλον. Τούς κοιτοῦσα. Δέν
  ξεχώριζα λόγια.

Κείνη τήν ὥρα μπῆκε ἀπ'τό παράθυρο μιά
  νυχτερίδα
κουβαλώντας μαζί της λίγα ἀστέρια, ἕνα κομμάτι
  βελούδινη νύχτα,
δυό φύλλα μουριᾶς, (ναί, μουριᾶς), τό ἐλάχιστο
  βέλασμα
ἑνός μικροῦ προβάτου πλάϊ στό ποτάμι, τήν ὥρα
  πού τό ἄστρο τῶν ποιμένων
τρέμει μές στό νερό τόσο φιλέρημο, τόσο συγκινημένο

tenemos muchos aliados—menores también—como
la luna
del viejo jardín, como el pez dorado o, incluso,
como la gata.

Otra noche (hacía un calor insoportable en el
comedor—era verano—;
las ventanas abiertas de par en par; las cortinas
corridas), mamá
parecía furiosa, lo mismo papá, y mi hermana mayor
también;
hablaban en voz alta—sus bocas llenas de oscuridad
se agrandaban—; de vez en cuando
los candiles les iluminaban la lengua, parecía que
intentaran
engullir un sorbo de luz, no lo conseguían;
se atragantaban;
se asfixiaban unos a otros. Yo los miraba.
No distinguía las palabras.

En ese momento entró por la ventana un
murciélago
trayendo consigo unas estrellas, un jirón de noche
aterciopelada,
dos hojas de morera (sí, de morera), el débil
balido
de una oveja pequeña a la vera del río, cuando
la estrella de los pastores
cintila en el agua, tan solitaria y tan emotiva

πού τά σπουργίτια ἀναστενάζουν στον ὕπνο τους,
γυρνώντας
ἀπ'τ'ἄλλο τους πλευρό, και τά πρόβατα ὑπόσχονται
στό θεό τους
νά γίνουν ἀκόμη πιό καλά. Μεμιᾶς οἱ μεγάλοι
σωπάσαν.

Μπορεῖ καί ν' ἀφουγκράστηκαν κεῖνο το βέλασμα.
Μπορεῖ νά φοβηθῆκαν
τό μακρινό, τό ὡραῖο, τό ἄγνωστο. Ὡστόσο τό
ἀκούσανε. Τότε ἡ μητέρα
ἅρπαξε μιά πετσέτα ἀπ'τό τραπέζι και κυνήγησε τή
νυχτερίδα·
παρά λίγο νά σβήσουν κ'οἱ λυχνίες.
Πολύ τήν ἀγάπησα
σ'αὐτή τή στάση τή μητέρα – παρ'ὅτι καί πάλι
ἀγέρωχη, ἐπιθετική, ἐπιβλητική, – μέ τήν ἄσπρη
πετσέτα ν'ἀνεμίζει
στὄνα της χέρι – σά μονόφτερο πουλί, καί δέν
μποροῦσε νά πετάξει. Στά μεγάλα της μάτια
σπίθιζε μυστικά ἡ ἐπιθυμία νά φύγει μές στή νύχτα,
μέσα σ'ὅλη τή νύχτα.
Πῆρα τότε κ'ἐγώ μιά πετσέτα καί τήν ἔβαλα σά
δεύτερο φτερό στ'ἄλλο της χέρι.
Ἐκείνη χαμογέλασε συνένοχα· κ'ὕστερα, ἀμέσως:
«Τρελλάθηκες, λοιπόν;», εἶπε ὀργισμένη. Ἡ
νυχτερίδα εἶχε φύγει·
εἶχε φύγει μαζί καί τό ποτάμι· – πρόφτασα κ'εἶδα
τό φωτεινό διασκελισμό τοῦ ποταμιοῦ στό περβάζι.
Ἡ κουβέντα

que los gorriones suspiran en sueños,
volteándose,
y las ovejas le prometen
a su dios
volverse todavía más buenas. De pronto los adultos
callaron.

Quizá prestaran atención a aquel balido. Quizá
sintieran miedo
de lo lejano, lo bello, lo desconocido. Pese a todo,
lo oyeron. Entonces mamá
agarró una servilleta de la mesa y se puso a perseguir
al murciélago;
poco faltó para que se apagaran los candiles.
Me encantó
mamá en esa pose—aunque de nuevo fuese
altanera, agresiva, autoritaria—, la servilleta blanca
ondeando
en una de sus manos—como ave de sólo un ala,
y no podía volar. En sus grandes ojos
brilló secretamente el deseo de huir en la noche,
al fondo de la noche.
Entonces, yo tomé una servilleta y se la coloqué
como segunda ala en la otra mano.
Ella sonrió con complicidad; pero luego, de golpe:
«¿Te has vuelto loca?», dijo furiosa. El murciélago
se había ido;
y con él se había ido el río; —alcancé a ver
desde el alféizar la zancada luminosa del río.
La conversación

ξανάρχισε πιό δυνατή. Δέ μ'ένιαζε.
Είμουν ήσυχη.
Τούς λυπόμουνα μόνο.
Εἶχα κ'ἐγώ τούς μυστικούς συμμάχους μου, – σᾶς τὄπα, –
ὥς κ'ἕνα δεύτερο φτερό μέσα στά μάτια τῆς μητέρας.

Ἐκεῖνο τό «δεν ἐννοεῖς να μεγαλώσεις», εἶχε πάψει ἀπό καιρό νά μέ πικραίνει –
Τὄνιωθα μάλιστα, ἔτσι κάπως σάν προνόμιό μου – ή ἄλλη μου ὅραση, ή κρυφή χαρά μου. Τά χαράματα
ἔβγαινα μόνη μές στήν εὔπιστη δροσιά τοῦ κήπου. Καθόμουν
και κοίταζα ὧρες τά πουλιά.
Πολύ συχνά, κάποιο σπουργίτι
κατέβαινε στή γῆ καί περπατοῦσε ἀστεῖα, μιμούμενο μέ ἀκρίβεια
τά κορίτσια στό πρῶτο ραντεβού τους· – δέν τὄπα στά κορίτσια
μή καί θυμώσουν μέ ὅλα τά πουλιά· παρ'ὅτι πολύ τό λαχταροῦσα
ν'ἀνακοινώσω αὐτή την ἀνακάλυψή μου, ή κι ἀποκάλυψη μπορεῖς να πεῖς –γιατί ὄχι; –
ἔτσι πίστευα τότε (ἴσως καί τώρα·) – κάτι τέτοια ἀσήμαντα πράγματα
φτιάχνουν καμμιά φορά τό πρόσωπό μας καί τόν κόσμο, – ἔτσι δέν εἶναι;

comenzó de nuevo en un tono más alto.
    No me importaba. Estaba tranquila.
    Sólo los compadecía.
Yo también tenía mis aliados secretos, —ya se
    lo dije, —
incluida una segunda ala en los ojos
    de mamá.

Aquel «No vas a crecer nunca» hacía tiempo había
    dejado de causarme amargura—
más bien lo sentía como un privilegio—mi otra
    vista, mi alegría oculta.
    De madrugada
salía sola a la frescura crédula del jardín.
    Me sentaba
y durante horas enteras observaba a los pájaros.
        Muy a menudo algún gorrión
se posaba en tierra y caminaba con gracia,
    remedando con precisión
a las muchachas el día de su primera cita; —no se lo
    dije a las muchachas
no fueran a enojarse con los pájaros, pese a que
    anhelaba
comunicar ese hallazgo mío, esa… revelación,
    podríamos decir—¿por qué no?—,
eso era lo que yo creía entonces (quizá también
    ahora)—cosas así de insignificantes
modelan en ocasiones nuestra personalidad y el
    mundo, —¿no le parece?

Αὐτό μπορεῖ νά τό γνωρίζουν τά πουλιά, κ' ἴσως γι'
αὐτό κ'ἐκεῖνα
δέν ἐννοοῦν νά μεγαλώσουν πολύ – μπορεῖ να
φυλάγονται, μπορεῖ να φοβοῦνται·
ἀλλάζουν χρώματα, κρύβονται μές στα φύλλα. («Ἡ
ἀφάνεια», ἔλεγε
ὁ γέροντας παιδαγωγός μου, «εἶναι τό προσωπεῖο
τοῦ βάθους»). Τό τραγούδι τους, ὅμως,
ἄ, δέν ἀντέχουν νά τό κρύψουν ὥς τό τέλος·
καί τότε
ὅλα τά βέλη κ' οἱ σφεντόνες στρέφονται πρός τή
φωνή τους, – προδίδονται μόνα.

Στά παιδικά μου χρόνια, ποτέ δέ μοῦ χάρισαν
κ'ἐμένα στή γιορτή μου μιά κούκλα.
Μάζευα τίς σπασμένες κοῦκλες τῆς μεγάλης
ἀδελφῆς μου. Τούς κολλοῦσα πάλι
τά χέρια, τά πόδια, τά μαλλιά, τά μάτια. Τούς
ἔφτιαχνα καινούργια ροῦχα·
τίς χτένιζα· – γίνονταν ὄμορφες – πιό ὄμορφες ἀπό
πρίν. Ἡ ἀδελφή μου τίς ζήλευε·
μοῦ τίς ἔπαιρνε πάλι. Λυπόμουνα. Δέ θύμωνα.
Πιότερο ἀπ' ὅλα
λυπόμουνα τήν ἀδελφή μου· – δέν τῆς ἔφτανε
τίποτα.
Μιά μέρα
χάθηκε τὄνα μάτι τῆς πιό ὄμορφης κούκλας – ἕνα
μεγάλο καταγάλανο μάτι.

Eso pueden saberlo los pájaros, y tal vez por eso ellos
    tampoco
pretenden crecer demasiado—quizá por prevención,
    quizá por miedo;
cambian sus colores, se ocultan entre el follaje.
    («La insignificancia—decía
mi viejo maestro—, es la máscara de lo profundo»).
    Su canto, sin embargo,
ah, su canto no consiguen disfrazarlo del todo;
    y entonces
las flechas, todas, y también los tirachinas se vuelven
    hacia su voz, —solos se traicionan.

A mí, de niña, jamás me regalaron una muñeca
    por mi cumpleaños.
Recogía yo las muñecas rotas de mi hermana mayor.
    Les pegaba
los brazos, las piernas, los cabellos, los ojos.
    Les hacía vestidos nuevos;
las peinaba; —se ponían bonitas—más bonitas que
    antes. Mi hermana las envidiaba;
me las quitaba de nuevo. Me entristecía. No me
    enfadaba. Sobre todo
compadecía a mi hermana; —nada
    le bastaba.
        Un día
se perdió uno de los ojos de la muñeca más bonita
    —un ojo grande y muy azul.

Σᾶς ἔτυχε ποτέ νά δεῖτε μιά μονόφθαλμη κούκλα; –
Μιά τρύπα· ἕνα χάσμα· –
μές ἀπό κεῖ μᾶς κοιτάει κάτι ἀόριστο, ἀπόμακρο,
δικό μας· –
μ' αὐτή ἀκριβῶς τήν τρύπα μέ κοιτοῦσε, μέ
ἐμπιστευόταν ἡ κούκλα·
εἶταν τό ἀληθινό της μάτι. Γίναμε φίλες.
Ὕστερα ἀπό χρόνια,
μετά τό μεγάλο ταξίδι τοῦ πατέρα, βρῆκα ἐκεῖνο τό
μάτι
σ'ἕνα μαῦρο βελούδινο κουτί. Δέν εἶπα τίποτα τῆς
ἀδελφῆς μου.
Τὄβαλα σ'ἕνα δαχτυλίδι μου δαχτυλιδόπετρα· –δέν
τό κατάλαβε κανένας·
ὅλοι θαυμάσανε τήν ἀσυνήθιστη πέτρα.

Γι' αὐτό σᾶς ἔλεγα – ὤ, ναί, τά πάντα εἶταν ὅμορφα·
– ποιό νόημα τάχα
νἄχει κ' ἡ θλίψη κ' ἡ χαρά μές στό ἀδιαίρετο τίποτα;
– ποιά σημασία
μέσα σ' αὐτό τό εὐτυχισμένα ἀδιάφορο τοπίο, – ὄχι
ἀδιάφορο –
ἕνας ἀπέραντος εὐδιάθετος θάνατος· – καί λέω
«εὐδιάθετος»
ἴσως μεταβιβάζοντάς του τή δική μου πρόσκαιρη
διάθεση
αὐτοῦ τοῦ ἀποψινοῦ περίλαμπρου λυκόφωτος – τί
χρώματα, θέ μου –
ἤ παίρνοντας ἐγώ τή θέση του (τή βολική,
πραγματική μου θέση),

¿Ha visto alguna vez una muñeca tuerta?—
Un hoyo; un vacío; —
desde ahí nos contempla algo indefinido, distante,
nuestro; —
justo con ese hoyo me miraba la muñeca y ponía en
mí su confianza;
ése era su verdadero ojo. Nos hicimos amigas.
Años después,
tras el largo viaje de papá, encontré
aquel ojo
en una caja de terciopelo negro. No le dije nada a mi
hermana.
Lo engarcé en una sortija a guisa de gema; —nadie
se enteró;
a todos asombraba aquella insólita piedra preciosa.

Por eso le comentaba—¡oh!, sí, claro, todo era
hermoso; —¿qué sentido
pueden tener la tristeza y la alegría en esa nada
indivisible?—¿qué importancia
puede tener en aquel paisaje felizmente
indiferente—indiferente no—
una inmensa muerte bien dispuesta?—y digo «bien
dispuesta»
transfiriéndole, quizá, mi propio ánimo
pasajero,
el de esta tarde de resplandeciente crepúsculo—¡qué
colores, Dios mío!—
u ocupando su lugar (mi verdadero lugar, donde me
siento a gusto),

ἔτσι σά νἆναι ὁ μυστικός καθρέφτης μας πού μᾶς
δείχνει ἀδιάψευστο,
ὁλόκληρο τό πρόσωπό μας, καθάριο, ἀδιάπτωτο,
ὡραῖο,
σχεδόν ἀθάνατο –μά τί σχεδόν; – πράγματι
ἀθάνατο.

Μέσα σέ μιά μεγάλη κάμαρα ἀκατοίκητη, κρεμόταν
ἀπό χρόνια,
ἕνας παλιός καθρέφτης μέ χρυσή κορνίζα. Στήν
κάμαρα ἐκείνη
δέν ἔμπαινε κανείς. Πετοῦσαν ἀνάκατα ἐκεῖ
μέσα
ὅ,τι ἄχρηστο καί παλιωμένο – λάμπες, πολυθρόνες,
κηροπήγια, τραπεζάκια,
πορτραῖτα πατρογονικά κι ἄλλα καθαιρεμένων
στρατηγῶν, ποιητῶν, φιλοσόφων,
ἀνθοδοχεῖα κρυστάλλινα μέ παράξενα σχήματα,
τρίποδες, μπρούντζινα μαγκάλια,
μεγάλες προσωπίδες, γύψινες, μετάλλινες, κι ἄλλες
μικρές ἀπό μαῦρο βελοῦδο,
ταριχευμένα κεφάλια ἐλαφιῶν κι ἄγριων ζώων,
ταριχευμένα
πολύχρωμα πουλιά, γαλάζια καί χρυσά, μέ γαμψά
ράμφη – τ' ὄνομά τους δέν τὄξερα –
κρεμάστρες, πανοπλίες, κονσόλες καί βαριά
παραπετάσματα
σέ πορφυρό συνήθως ἤ βαθυπράσινο χρῶμα. Εἶταν
ἐκεῖ τό καταφύγιό μου.

así, como si fuese el espejo secreto que tenemos,
el que nos muestra irrebatible
nuestra cara íntegra, diáfana, inalterable,
bella,
casi inmortal—pero ¿por qué casi?—plenamente
inmortal.

En una amplia habitación deshabitada, colgaba
desde hacía años
un antiguo espejo de marco dorado. En esa
habitación
no entraba nadie. Arrumbaban ahí, de cualquier
manera,
todo lo que ya no servía o estaba viejo—lámparas,
sillones, candelabros, mesitas,
retratos de antepasados, y otros, de generales
destituidos, de poetas, de filósofos,
floreros de cristal con extraños dibujos, trípodes,
braseros de bronce,
grandes antifaces de yeso, de metal, y otros,
pequeños, de terciopelo negro,
cabezas disecadas de venados y de animales salvajes,
embalsamadas
aves de mil colores, azules y doradas, con picos
ganchudos—ignoraba yo sus nombres—
colgadores, armaduras, consolas y pesadas
cortinas
de color púrpura, por lo general, o bien, verde
botella. Ahí tenía yo mi refugio.

Μύριζε σκοροφαγωμένο ροῦχο, σκόνη καί δροσιά.
Λοιπόν, ὁ καθρέφτης,
κρεμάμενος ψηλά στόν τοῖχο, συγκέντρωνε
ὁλόκληρο τό φῶς – εἶταν τό μάτι
τῆς τυφλῆς, πολυδαίδαλης κάμαρας.
Τό μάτι ἐκεῖνο
βασίλευε ἤρεμο, ἀβασίλευτο, πάνω ἀπ' τήν
ἀχρηστία καί τήν ἐρήμωση,
τήν ἀθανάτιζε μάλιστα· – μνήμη ἱερή σέ βαθειά
λησμοσύνη. Κάποιο δείλι,
ἀνέβηκα σ' ἕνα σεντούκι καί κοιτάχτηκα μές στόν
καθρέφτη· – τίποτα δέν εἶδα –
τίποτα, μόνο φῶς, – ἕνα φῶς σκοτεινό, σάν ἄμουν ἡ ἴδια
ὁλόκληρη ἀπό φῶς – κ' εἴμουν, στ' ἀλήθεια.
Κατάλαβα, τότε,
(ἤ, μᾶλλον, θυμήθηκα) πώς πάντοτε εἴμουν φῶς.
Μιά ἀράχνη
σεργιάνιζε στό φέγγος τοῦ καθρέφτη καί στό
πρόσωπό μου. Δέν τρόμαξα διόλου.

Ἡ ἀράχνη δέν εἴμουν ἐγώ. Ἕνα ξένο, λεπτότατο
σῶμα γλυστροῦσε
πάνω στό κρύσταλλο, μέ ἀμέτρητα, γωνιώδη πόδια,
– τἄβλεπα μεγεθυσμένα
μέ τίς ἀργές αἰχμές τους, σέ κίνηση ἀργή, σέ χρόνο
ἀργό, σχεδόν ἀκίνητον. Λίγο-λίγο
ξεχώρισα καί τό ὑλικό μου πρόσωπο, ρόδινο καί
μαβί, σκιῶδες·
τά μάτια ἕνα πράσινο θαλάσσιο, ἐκστατικό, καί
γύρω μου πάντα

Olía a ropa apolillada, a polvo y a humedad. Y bien,
el espejo,
colgado en lo alto de la pared, concentraba toda
la luz—era el ojo
de aquella habitación ciega, laberíntica.
El ojo aquél
regía sereno, como el sol que no declina, sobre
lo inservible y abandonado,
lo inmortalizaba, incluso; memoria sagrada
en el olvido profundo. Un atardecer,
me subí en un baúl y me miré en el espejo; —no vi
nada—
nada, sólo luz, —una luz oscura, como si yo misma
estuviera hecha de luz—y lo estaba, en realidad.
Entendí, entonces
(o, más bien, recordé) que siempre había sido luz.
Una araña
se paseaba por el brillo del espejo y por mi cara.
No me asusté.

La araña no era yo. Un cuerpo extraño, delgadísimo,
se deslizaba
por encima del cristal, con innúmeras patas
angulosas, —las veía aumentadas
con sus puntas lentas, su movimiento lento, su
tiempo lento, casi inmóvil. Poco a poco
distinguí mi rostro material, rosado y malva,
umbrío;
los ojos de un verde mar, extático, y a mi alrededor
siempre

τό ἀκαθόριστο φῶς, – φωτοστεφανωμένη μές στήν
παραμέληση, μέσα στή μοναξιά μου,
μές στήν ἀφάνειά μου. Δέν μπόρεσα ν' ἀντέξω
τούτη τή μυστική εὐτυχία: νἆμαι ὁλόφωτη, μ' ἕνα
λεπτό προσωπεῖο πραγματικότητας
τριανταφυλλένιο καί μαβί. Πήδηξα κάτω ἀπ' τό
σεντούκι,
ἅρπαξα ἕνα παμπάλαιο κλειδί παρατημένο σέ
κάποιον μαρμάρινο νιπτήρα,
τὄσφιξα καί τό φίλησα. Καί τότε, στόν πυλώνα ἀπ'
ἔξω, ἀντήχησε τό κέρας
τῶν κυνηγῶν, περίεργα μελαγχολικό καί
κουρασμένο – τελεσίδικο.

Βράδιαζε ἀργά, κ' ἔφεγγε πάντα ὁ καθρέφτης στόν
τοῖχο.
Ἡ ἀράχνη εἶχε φύγει. Αἰσθανόμουν ἀκόμη νά
φέγγω ἀπ' τά μέσα,
μοναχική, ταυτισμένη μαζί του, ἐρωτευμένη,
κρατώντας τό κλειδί τοῦ ὑπογείου στά δυό μου χέρια.
Γιά τοῦτο
σᾶς ἔλεγα πώς παίρνω τή θέση του (τήν πιό
πραγματική μου θέση)
τή θέση τοῦ θανάτου μου – δηλαδή τοῦ θανάτου.
Τώρα γνωρίζετε
πώς εἴμουν προνομιοῦχος. Ναί. Γι' αὐτό
ντρεπόμουν, εἶχα τύψεις,
ντρέπομαι τώρα ἀκόμη πιό πολύ πού τό
ἐξομολογοῦμαι. Τί προνόμια τάχα;

una luz ambigua: coronada de luz en mi abandono,
        en mi soledad,
en mi insignificancia. No podía aguantar
esta dicha secreta: ser toda luz, con un fino antifaz
        de realidad
rosado y malva. De un salto me bajé
        del baúl,
me apoderé de una viejísima llave olvidada en una
        palangana de mármol,
la apreté contra mí y la besé. Y entonces, en el
        pórtico de afuera, resonó el cuerno
de los cazadores, extrañamente melancólico
        y cansado—irrevocable.

Anochecía tarde, y el espejo en la pared seguía
        brillando.
La araña se había ido. Yo aún me sentía resplandecer
        por dentro,
solitaria, identificada con él, enamorada,
aferrando la llave del sótano con las dos manos.
                Por eso
le decía yo que ocupo su lugar (el lugar que más me
        corresponde),
el lugar de mi muerte—es decir, de la muerte.
                Ahora ya sabe usted
que yo era un ser privilegiado. Sí. Por eso me
        avergonzaba, sentía remordimientos,
me avergüenzo todavía más ahora que lo confieso.
        ¿Qué privilegios eran ésos?

Γνώρισα τήν ὡραία ματαιότητα, τήν ἤρεμη, τήν
 περίπου χαρούμενη·
ξάπλωσα μέσα της ἤ πάνω της, ὅπως τό καλοκαίρι
 σέ μιά θημωνιά, παρατηρώντας
τό βραδινό οὐρανό, τά δάση, τά γαλάζια βουνά,
 μυρίζοντας ἄπληστα
τή ζεστή δρόσο, τό θυμάρι, τό ἄχυρο, τό μακρινό
 ποτάμι,
τήν εὐωδιά τῶν θερισμένων σταχυῶν – ὄχι καθόλου
 μέ τήν ἔννοια
τοῦ ψωμιοῦ, τοῦ νεροῦ, τῆς χρησιμότητας, – μέ τήν
 ἔννοια μονάχα
ἑνός γενικοῦ θερισμοῦ, πραΰντικοῦ, ἐνῶ ἀπό λόφο
 σέ λόφο,
ἀπό ἀμπέλι σέ ἀμπέλι, τά σκυλιά τῶν γεωργῶν καί
 τῶν βοσκῶν ἀλυχτοῦσαν
μιά ὁλόλευκη παντάνασσα πανσέληνο μέ
 σταυρωμένα χέρια, δίχως βρέφος.

Εἶταν μιά γεύση – δέν ξέρω – ἀπό βαθύ γαλάζιο
 διαλυμένο –
μιά γεύση ὑπαρκτῆς ἀνυπαρξίας, ὑπογραμμισμένης
 κάποτε
ἀπό τή μετακίνηση κάποιου πουλιοῦ στόν ὕπνο του·
 – μιά σιγαλιά πολύβοη –
κ' ἐγώ εἶμουν ὁλόκληρη ἡ σιωπή καί μέρος τῆς
 σιωπῆς. Δάγκωνα ἕνα μυρτόκλωνο
μή καί φωνάξω. Γιατί τὄνιωθα: τό στόμα μου μεγάλωνε
θαυμαστικό, γιά μιά μεγάλη κραυγή, καί τά δόντια
 μου

Conocí la vanidad hermosa, sosegada,
casi alegre;
me acurruqué en ella o encima de ella, como en
verano en un almiar, observando
el cielo nocturno, los bosques, las montañas azules,
oliendo ávidamente
el rocío tibio, el tomillo, la paja,
el alejado río,
el aroma de las espigas segadas—desde luego no con
la idea
del pan, del agua, de la utilidad, —sólo con
la idea
de una siega general, aliviadora, mientras de cerro en
cerro,
de viña en viña, los perros de los labradores y de los
pastores ladraban a
una blanquísima luna llena, Virgen con los brazos
cruzados, sin el niño.

Era un sabor—no sé—a un profundo azul
diluido—
un sabor a existencia inexistente, subrayada
a veces
por el movimiento de algún pájaro en su sueño; —un
silencio bullicioso—
y toda yo era silencio y era parte del silencio. Mordía
una rama de mirto
para no gritar. Porque lo sentía: mi boca crecía
desmesuradamente, para un gran grito, y mis
dientes

ἀραίωναν κι αὐτά, χωρίζονταν, γιά ν' ἀφήσουν
διέξοδο
σ' ἐκείνη τήν κραυγή. Τήν κράτησα. Διαλύθηκε
ἐντός μου.
Αὐτή 'ταν ἡ σιωπή. Κ' ἐγώ εἴμουν ἀέρινη –
μποροῦσα νά πετάξω.

Θυμᾶμαι στην κηδεία τῆς μητέρας, – μιά βελούδινη
μαύρη πεταλούδα
μέ στίγματα πορτοκαλιά, πέρασε ἀνάερη,
ζυγιάστηκε στό φέρετρο· – ἄ, ἐκείνη
ἡ μυστική ἐλαφρότητα, – σήκωσε ὁλόκληρο τό
βάρος μας,
ἀλάφρωσαν τά πράγματα, ἀλαφρώσαμε. Τότε μονάχα
μπόρεσε νά πετάξει καί τό φέρετρο· – κ' εἶταν βαρύ,
φορτωμένο
λουλούδια καί μαργαριτάρια· ἔξη δεκάδες ἄλογα
τό σέρναν,
κι ἀργοῦσε μέσα στό λιοπύρι. Ἱδρῶναν ἄλογα καί
ἄνθρωποι. Μονομιᾶς κατάλαβα
πώς ὅλα τά στολίδια εἶναι βαριά – καί τ' ἄνθη
ἀκόμα. Ἡ πεταλούδα
μαύρη, σᾶς λέω, μέ στίγματα πορτοκαλιά, πῆρε
στούς ὤμους της τό φέρετρο κ' ἐχάθη.

Ὅλα εἶχαν σβήσει μές στό φῶς. Μονάχα ἕνα ἄσπρο
σύννεφο
στεκόταν ἤρεμο στό λόφο, κοιτώντας ἀλλοῦ – τὄδα
κι αὐτό. (Παράξενο νά βλέπεις

también se separaban, se distanciaban, para dejar
salir
el grito. Lo contuve. Se disolvió
en mí.
Eso era el silencio. Y yo era etérea—podía
volar.

Recuerdo en el entierro de mamá, —una mariposa
negra aterciopelada
con pintas color naranja, planeó ingrávida y se posó
en el féretro; —ah, esa
misteriosa levedad, —levantó todo nuestro
peso,
las cosas se aligeraron, nos aligeramos. Sólo entonces
pudo volar también el féretro; —y era pesado,
cargado
de flores y de perlas; seis decenas de caballos tiraban
de él,
e iba lento bajo el sol abrasador. Sudaban los
caballos y los hombres. De pronto entendí
que los adornos son pesados—y las flores también.
La mariposa,
negra, le digo, con pintas color naranja, se echó el
féretro al lomo y desapareció.

Todo había desaparecido en la luz. Sólo una nube
blanca
se erguía serena en el cerro, mirando a otro lado—
también eso lo vi. (Es extraño que se pueda ver

μέ τόση ἀκρίβεια – κ' εὐφροσύνη μάλιστα, σέ
τέτοιες ὧρες). Γυρίζοντας σπίτι,
μᾶς πῆρε ἡ μυρωδιά ἀπό σέλινο, καρότο καί
βρασμένη πατάτα.
Φάγαμε θυμωμένοι, μέ ἀργές, πεισμωμένες
κινήσεις.

Μετά τό γεῦμα, ὁ ἀδελφός μας ἔφυγε, –
κυνηγημένος, εἶπαν,
ἀπό τίς Ἐρινύες. Τίποτα τέτοιο. Ἀπομακρύνθηκε
ἥσυχα,
μονάχα λίγο πιο στοχαστικός καί κάπως σκυμμένος.
Ξαφνικά τά δωμάτια
μεγάλωσαν ἀπέραντα. Δέν εἶταν μιά γωνιά νά
κρυφτοῦμε. Κι ἀπ' ἔξω
συνεχιζόταν ἡ ἀπερίγραπτη λιακάδα. Τά τζιτζίκια
φωνάζαν·
μπαίνανε μές στό σπίτι· κάποιο στάθηκε ἀσάλευτο
στό δαντελένιο κουρτινάκι σά μιά νότα χοντρή,
χνουδωτή, κάπως παράταιρη –
«ἐδῶ, ἐδῶ, ἐδῶ», φώναζε ἐπίμονα. «Ἐδῶ». – Τί
«ἐδῶ»; –
ἔκανα νά ρωτήσω. Κρατήθηκα. Δέν ἔβγαλα ἄχνα.

Κείνη τή μέρα οἱ ὑπηρέτριες μιλούσανε πιό δυνατά,
χτυποῦσαν τίς πόρτες,
χτυπούσαν τά πόδια τους στό πάτωμα, στά
σκαλοπάτια (αὐτές οἱ τόσο ἀθόρυβες
πρίν λίγο),

con tanta precisión—e incluso regocijo—, en
momentos así). Al volver a casa,
sentimos un olor a apio, zanahoria y patatas
hervidas.
Comimos enfadados, con movimientos lentos,
obstinados.

Después del almuerzo, mi hermano se fue,
—perseguido, dijeron,
por las Erinias. Nada de eso. Se alejó
con calma,
sólo un poco más pensativo y algo encorvado.
De golpe las habitaciones
crecieron hasta el infinito. No había un rincón
en donde esconderse. Y afuera
seguía haciendo un sol indescriptible. Las cigarras
alborotaban;
entraban en la casa; una se quedó quieta
sobre la cortinita de encaje, como una nota gruesa,
vellosa, mal afinada,
«Aquí, aquí, aquí—gritaba tozuda—. Aquí».
«¿Cómo aquí?»,
quise preguntar. Me contuve. No dije nada.

Ese día las sirvientas hablaban más alto, golpeaban
las puertas,
golpeaban los pies contra el suelo, contra los
escalones (aquellas, las silenciosas hasta hacía
tan poco),

χτυποῦσαν στήν κουζίνα τα μαχαιροπίρουνα,
σπάσαν καί κάτι ποτήρια.

Ἕνα ὄμορφο κίτρινο φόρεμα, πού χτές ἀκόμη τό
φοροῦσε ἡ μητέρα,
εἶχε ἀπομείνει σωριασμένο σέ μιά πολυθρόνα, – ἐκεῖ
συγκεντρωνόταν
ὅλο τό φῶς κ' ἡ σιωπή. Καί τό βουρτσάκι τῶν
δοντιῶν της, καθώς μπῆκα στό λουτήρα,
μεγάλωνε, μεγάλωνε, γέμιζε ἀκέριο τόν καθρέφτη.
Ὅπως περνοῦσα ἀπ' τήν πόρτα
μοῦ ξέγδαρε τό γόνατο. Φοβήθηκα μή καί μ'
ἁρπάξει ἀπ' τό φουστάνι
καί μέ κρατήσει κλεισμένη στό λουτρό, νά βλέπω
στή γωνιά τό δίχτυ τοῦ ἀδελφοῦ μας
πού κυνηγοῦσε μικρός πεταλοῦδες.
Τότε
πλησίασα τόν καθρέφτη καί δοκίμασα, πρώτη
φορά, νά βάψω τά χείλη μου μ' ἐκεῖνο
τό μυστικό καί ἱερό κοκκινάδι τῆς μητέρας. Πάνω
στά χείλη μου
ἁπλώθηκε ἕνα ὡραῖο, μετανιωμένο λιόγερμα – μιά
λυπημένη κόκκινη λάμψη.

Τότε μονάχα μπόρεσα νά κλάψω, – εὐτυχισμένη
πού μποροῦσα νά κλαίω.
Καί τό βουρτσάκι τῶν δοντιῶν ξανάγινε μικρό –
μικρότερο ἀπό πρῶτα. Κ' ἔκλαψα
γιά τή μητέρα, γιά τόν ἐραστή της, γιά τόν ἄντρα της,

golpeaban en la cocina con los cubiertos, rompieron
algunos vasos.

Un hermoso vestido amarillo, que hasta la víspera
se había puesto mamá,
había quedado desparramado sobre un sillón, —en
él se concentraban
toda la luz y el silencio. Y su cepillito de dientes,
cuando me metí en la bañera,
se puso a crecer y a crecer, hasta llenar el espejo.
Si entraba yo por la puerta,
me arañaba la rodilla. Tuve miedo de que se aferrara
a mi vestido
y me mantuviera encerrada en el baño, condenada
a ver en un rincón la red de nuestro hermano,
que de niño cazaba mariposas.
Entonces
me acerqué al espejo y, por primera vez, probé
a pintarme los labios con aquel
misterioso y sagrado lápiz rojo de mamá. Por encima
de mis labios
se extendió un crepúsculo contrito y bello—un triste
fulgor rojo.

Sólo entonces pude llorar, —fui feliz de poder
llorar.
Y el cepillito de dientes de nuevo se volvió
pequeño—más pequeño que antes. Y lloré
por mamá, por su amante, por su esposo,

γιά τό μικρό σφαγμένο κορίτσι, γιά τήν ἄλλη
ἀδελφή μου, (πῶς εἶχαν ἀδειάσει
μονομιᾶς τά μάτια της) – θαρρείς καί δέν
ἤξερε
γιατί νά ζήσει πιά. Πιότερο ἀκόμη
ἔκλαιγα γιά τήν ἥσυχη φυγή τοῦ ἀδελφοῦ μου· –
καθώς περνοῦσε τό φράχτη,
ἔκοψε ἕνα κλαδάκι λυγαριά, τό πέρασε στή ζώνη
του, κ' ὕστερα
μύρισε ἀργά τά δάχτυλά του.
Σ' ἐκείνη τή στάση, καθώς ἔφευγε,
εἶταν σά νά κρατοῦσε τό πηγούνι του γιά ν'
ἀπομείνει ἀκίνητος
μέ τόν ἀγκώνα ἀκουμπισμένο σ' ἕνα ἀόρατο
τραπέζι. Κ' ἀλήθεια,
ἔμεινε ἀκίνητος, θαρρῶ. Περπατοῦσε καθούμενος,
– ἴσως
γιατί, ὅπως λένε, κάποιες ὧρες κάθε
μετακίνηση
μᾶς καθηλώνει στό ἴδιο μέρος – δέν ὑπάρχει ἄλλο
μέρος.

Ἔκλαψα κείνη τή μέρα γιά ὅλη μου τή ζωή, γιά τά
περήφανα ἄλογα,
γιά τά διωγμένα σκυλιά, γιά τά πουλιά, γιά τά
μερμήγκια,
γιά τό γαϊδούρι τοῦ μπάρμπα-Σταμάτη πού ἔβοσκε
ἥσυχα στόν κάμπο,
σ' ἕνα κατάξερο κίτρινο χωράφι, – τὄβλεπα ἀπ' τό
παράθυρο· –

por la pequeña niña degollada, por mi otra hermana
    (cómo se habían
vaciado de golpe sus ojos)—era como si
    no supiera
para qué seguir viviendo. Y lloraba más todavía
por la lenta huída de mi hermano; —al atravesar
    la valla,
cortó una varita de mimbrera, se la puso
    en el cinturón, y luego
olió pausadamente sus dedos.
        En esa postura, cuando se iba,
parecía sostenerse la barbilla para quedarse
    quieto
con el codo apoyado en una mesa invisible.
    Y así fue,
se quedó quieto, imagino. Caminaba sentado,
    —quizá
porque, como dicen, hay momentos en los que todo
    desplazamiento
nos inmoviliza en un mismo lugar—no existe otro
    lugar.

Ese día lloré por mi vida toda, por los caballos
    vanidosos,
por los perros desterrados, por las aves,
    por las hormigas,
por el burro del tío Stamatis que pastaba tranquilo
    en el llano,
en un terreno amarillo y reseco, —lo veía desde
    la ventana—;

«γαϊδουράκι μου, γαϊδουράκι μου», φώναζα μέσα
μου – καί λέοντας «γαϊδουράκι μου»,
ἐννοοῦσα τόν κόσμο.
Τότε βάλθηκα νά κλαίω δυνατότερα
ἴσως γιά νά μ' ἀκούσει ἡ ἀδάκρυτη ἀδελφή μου. Οἱ
ὑπηρέτριες μαζεῦαν ἀπ' ἔξω
τά μεγάλα ζεσταμένα χαλιά· – τήν κόκκινη ζέστα
τους
τήν ἔνιωσα, μεγάλη, ὑγιεινή, σ' ὅλο τό σῶμα μου. Τά
μάτια μου στεγνῶσαν. Ὁ κόσμος
εἶταν ζεστός, χνουδωτός, ὁλοπόρφυρος – μαζί κ' οἱ
πεθαμένοι.

Τή νύχτα, περασμένα μεσάνυχτα, ἀκούστηκε στό
δρόμο,
κάτω ἀκριβῶς ἀπ' τά παράθυρά μου, τό βήμα ἑνός
διαβάτη· –
ἴσως ποτέ κανένας δέν περπάτησε μ' αὐτό τόν τρόπο
κάτω ἀπ' τό φεγγάρι
κ' ἴσως ποτέ κανένας νά μήν εἶχε ἀκούσει ὅπως ἐγώ
ἕνα τέτοιο βῆμα.
Εἶταν ὁ πρῶτος ἄνθρωπος πού ἐρχότανε στόν κόσμο.
Εἶταν ὁ τελευταῖος πού ἔφευγε ἀπ' τόν κόσμο. Καί
ποτέ, κανένας δέν εἶχε ρθεῖ μήτε εἶχε φύγει.
Ὅπως σᾶς εἶπα,
ὁ κόσμος εἶταν ζεστός, χνουδωτός, ὁλοπόρφυρος –
χωρίς κανένα ρῆγμα.
Μονάχα τό φεγγάρι δρόσιζε τό χνούδι μιᾶς
κουβέρτας ποὖχε μείνει στό μπαλκόνι.

«Burro, burrito mío», le gritaba para mis
adentros—y al decir «burrito mío»,
me refería al mundo.
Entonces me propuse llorar más fuerte,
quizá para que me oyera mi hermana, que no sabía
de lágrimas. Las sirvientas recogían, afuera,
las grandes alfombras caldeadas; —su calor
rojo
lo sentía yo intenso, saludable a lo largo de mi
cuerpo. Se secaron mis ojos. El mundo
era caliente, afelpado, púrpura—y con él, los
muertos.

Por la noche, pasada la medianoche, se oyeron
en la calle,
justo debajo de mis ventanas, los pasos de un
transeúnte; —
quizá nadie haya caminado nunca de esa manera
a la luz de la luna
y quizá nadie haya escuchado nunca unos pasos
como los escuché yo.
Era el primer hombre que llegaba al mundo.
Era el último que partía del mundo. Y nunca, nadie
había llegado ni se había ido.
Como le dije,
el mundo era caliente, afelpado, púrpura—no tenía
ni una fisura.
Sólo la luna refrescaba la felpa de una manta que se
había quedado en el balcón.

Τά ξημερώματα βγῆκα κρυφά στόν κῆπο· κάθησα στό
πιό ἀκρινό παγκάκι
μ' ἕνα βιβλίο στό χέρι, δίχως νά διαβάζω. Ἕνα μικρό
παράξενο μαμούδι
ἔπεσε πάνω στή σελίδα. Τό ἀναμέρισα λίγο. Τότε, ἐκεῖνο
γύρισε ἀνάποδα, σαλεύοντας στόν ἀέρα ἕνα σωρό
λεπτότατα πόδια –
ἕνας ὁλόκληρος κόσμος μέ χιλιάδες κινήσεις. Κείνη
τήν ὥρα
μέ φώναξε ἀπ' τήν πόρτα ἡ ἀδελφή μου.
Στή φωνή πού μᾶς καλεῖ
(θά τὄχετε προσέξει) ὑπάρχει πάντα
ἕνα μαμούδι ἀνάποδο, πού, ξάφνου,
γυρίζει ἀπ' τή σωστή μεριά κ' ἐξαφανίζεται.
Πίσω του μένει
κάποια ἀπορία γιά μᾶς: – ποιά νἆταν ἡ σωστή του
θέση (κ' ἡ δική μας)
αὐτή, ἤ ἡ ἄλλη μές στά φύλλα τοῦ ὕπνου, πέφτοντας
ἀπό ψηλά ἤ πετώντας;

Ὕστερα φύσηξε ἕνας ἄνεμος μεγάλος, σαρώνοντας
ὥς πέρα
ἀγκάθια, ἐφημερίδες, χαρτοφάναρα, δάφνες,
γεφύρια·
οἱ πόρτες γέρναν, στέκονταν διαγώνια. Ὁ χτεσινός
αὐλάρχης,
μέ τό μαχαίρι ἀκόμη στήν κοιλιά του, ἀνέβαινε τή
μέσα σκάλα.
Λουρίδες αἷμα χαρακῶναν τά πλακάκια τοῦ
διαδρόμου.

De madrugada, salí a hurtadillas al jardín; me senté en
el banco más alejado
con un libro en las manos; no leía. Un bichito
pequeño y extraño
cayó sobre la página. Lo aparté ligeramente. Entonces él
se volvió agitando en el aire un montón de
delgadísimas patitas—
todo un mundo con millares de movimientos.
En ese momento
me llamó mi hermana desde la puerta.
En toda voz que nos llama
(lo habrá usted notado) siempre hay
un bicho patas arriba que, de pronto,
se endereza y desaparece.
Se va dejando
en nosotros cierta duda: —¿cuál era el lugar correcto
para él (y para nosotros),
ése, o el otro, entre el follaje del sueño, cayendo
desde lo alto o volando?

Luego sopló un fuerte viento que
barrió
espinas, periódicos, faroles de papel, laureles,
puentes;
las puertas cedieron, quedaron ladeadas. El antiguo
señor del palacio,
con el cuchillo aún clavado en el estómago, subía
por la escalera interior.
Cintas de sangre rayaban los azulejos
del pasillo. ·

Μπρός στόν ἐξώστη φώναζαν τά πλήθη μέ
παράξενες μαῦρες σημαῖες.
Ἐκεῖνο τό τεράστιο ἔφιππο ἄγαλμα σωριάστηκε
ἄξαφνα στό χῶμα. Τότε
ὁ κόσμος σκόρπισε περίτρομος κι ἄδειασε ὁ χῶρος.

Τήν ἄλλη μέρα, (ἀλήθεια, μιά ἄλλη μέρα)
ἀντίκρυσα τήν ἔρημη πλατεία
ἀσβεστωμένη ἀπ' τή σιωπή. Μονάχα πέντε αὐγά
εἶχαν μείνει
στή βάση τοῦ παλιοῦ φανοστάτη. Μιά γυναίκα
βγῆκε ἀπ' τό σταῦλο
μέ μεγάλη προφύλαξη. Πῆρε τ' αὐγά, πού,
ἀμέσως
βάφτηκαν κόκκινα. Μιά ἄλλη γυναίκα,
ἐνεδρεύοντας στό ἀπέναντι παράθυρο:
«Οἱ κότες σου – εἶπε – ἀρχίσαν νά γεννοβολᾶνε
κόκκινα αὐγά;». Κ' ἡ πρώτη:
«Εἶναι πού ρόδισαν ἀπ' τήν αὐγή», εἶπε καί τἄχωσε
στίς τσέπες τῆς ποδιᾶς της.

Στό δρόμο φάνηκε ἕνας ὄμορφος στρατιώτης.
Πέρασε σιμά τους.
Οἱ δυό γυναῖκες γέλασαν ἕνα μικρό δίδυμο γέλιο.
Ἀπ' τούς λόφους
χύθηκε ἡ μέρα σά γάλα – μοσκοβολώντας,
πράγματι, γάλα.
Ἡ μιά γυναίκα μπῆκε στό σταῦλο. Ἡ ἄλλη σφάλιξε
τά τζάμια. Ὁ στρατιώτης

Frente al balcón gritaba la turba agitando extrañas
banderas negras.
Aquella inmensa estatua ecuestre de pronto se
derrumbó. Entonces
la gente se desparramó aterrada y el lugar se vació.

Al otro día (de verdad, era otro día) me topé con
la plaza desierta
encalada de silencio. Sólo cinco huevos habían
quedado
al pie de la vieja farola. Una mujer salió
del establo
con gran cautela. Tomó los huevos, que,
de inmediato,
se tiñeron de rojo. Otra mujer, acechando desde
la ventana de enfrente:
«¿Tus gallinas—preguntó—están poniendo huevos
rojos?». Y la primera:
«Fue el alba quien los tiñó», dijo metiéndolos
en los bolsillos de su delantal.

Por el camino apareció un soldado apuesto. Pasó
a su lado.
Ambas mujeres rieron con una tímida risa gemela.
El día se derramó
como leche desde los cerros—exhalando, de verdad,
olor a leche.
Una de las mujeres entró en el establo. La otra cerró
las ventanas. El soldado

εἶχε ἐξαφανιστεῖ μές στή λευκότητα. Ἐπιπλέαν
μονάχα στόν ἀέρα,
ταλαντευόμενα ἐλαφρά, κεῖνα τά πέντε κόκκινα
αὐγά σά νἆταν κούφια.

Αὐτό τό θυμᾶμαι καλά. Ὅσο γιά τ' ἄλλα, τῶν
μεγάλων, ποτέ μου
δέν κατάλαβα τίποτα. Ἀνέβαζαν τά χέρια τους πάνω
ψηλά, ψηλά, σά νἆταν νά κρατήσουνε κάποιο
δοκάρι
πού θἄπεφτε ὁπωσδήποτε. Βέβαια, θαρροῦσαν
τή στάση τους αυτή μεγαλόπρεπη. Ἀνοῖγαν τό στόμα
ἁρπαχτικό, ρητορικό ἤ θρηνητικό – μιά τρύπα
γεμάτη σκοτάδι
καί μέσα-μέσα θαμπόφεγγε μιά σιδερένια,
πανάρχαιη, ἀστήριχτη σκάλα.

Ἔφυγαν ὅλοι. Τώρα κάθομαι ἐδῶ καί κοιτάω καί
ξεχνάω καί θυμᾶμαι.
Τά πάντα εἶταν καλά. Δέ μοῦ χρειάζεται τίποτε, –
χορταστική ὀλιγάρκεια.
βάζω τά χέρια μου στά γόνατά μου, ἀγγίζω τό κενό,
κρατιέμαι
ἀπ' τό κενό. Στέκομαι ἀκόμη ὀρθή σ' ἕνα ἐξαίσιο,
ἑτοιμόρροπο μπαλκόνι,
πιασμένη ἀπ' τά κάγκελα –μετέωρη σχεδόν. Σέ
τοῦτα τά κάγκελα,
μετάλλινα, λεῖα, ἀντιλαμβάνομαι τίς ἀλλαγές τοῦ
καιροῦ, τό κρύο, τή ζέστη,

había desaparecido en medio de la blancura.
Flotaban solos en el aire,
meciéndose, livianos, aquellos cinco huevos rojos,
como si fueran huecos.

Eso lo recuerdo bien. En cuanto a lo demás, lo de los
adultos, jamás
entendí nada. Alzaban los brazos,
alto, muy alto, como si intentaran sostener
una viga
a punto de derrumbarse. Por supuesto, consideraban
aquella postura suya majestuosa. Abrían la boca
avariciosa, retórica o quejumbrosa—una fosa llena
de oscuridad
y al fondo una escalera de hierro, antigua, sin apoyo,
brillaba discreta.

Se fueron todos. Ahora estoy aquí y veo y olvido
y recuerdo.
Todo estuvo bien. No necesito nada, —esta
austeridad me satisface.
Pongo las manos sobre las rodillas; palpo el vacío;
me aferro
al vacío. Estoy de pie en un primoroso balcón
que amenaza con derrumbarse,
me agarro a los barrotes—casi floto en el aire.
En estos barrotes,
de metal, pulidos, percibo los cambios del tiempo,
el frío, el calor,

τήν ὑγρασία, τ' ἀστέρια –εἰκονικές ἀλλαγές. Ἕνα
σπουργίτι, πότε-πότε,
κάθεται ἐκεῖ καί μέ κοιτάει – γνωριζόμαστε. Δέν
ἔχουμε τίποτα νά ποῦμε.

Θυμᾶμαι κάποιο ἀπόγευμα, – ἡ μητέρα εἶχε βγεῖ γιά
κάποια ἐπίσκεψη πρίν λίγο·
μπῆκα στήν κάμαρά της· φόρεσα τά παπούτσια της
– ζεστά ἀπ' τά πόδια της ἀκόμα –
ἡ ξένη ἐκείνη ζέστα· – ψήλωσα μεμιᾶς σά
νά γνώρισα
μιάν ἀνεξήγητη ἁμαρτία. Ὁλόκληρη ἑβδομάδα δέν
τολμοῦσα
νά κοιτάξω στά μάτια τή μητέρα. κρυβόμουν στούς
θάμνους τοῦ κήπου
προσμένοντας μιά τιμωρία ἤ μιάν ἀνταμοιβή, – δέν ξέρω.

Ὤ, ναί, κ' ἐγώ περίμενα. Εἴμουνα πάντοτε ἡ πρώτη
νά τρέξω
στό χτύπημα τῆς πόρτας – κι ἄς μήν εἶταν γιά μένα.
Ὁ ταχυδρόμος
ξεχώριζε κάτω στόν κάμπο μέ τήν πέτσινη τσάντα
του, σά νἆχε
ἕνα τετράγωνο κομμάτι φῶς ἐπάνω στό μηρό του.
Περίμενα
πώς κάποιο γράμμα θἄρχόταν καί γιά μένα.
Ἀνάμεσα σέ τόσα
ἐπίσημα ἔγγραφα κι ἀναφορές κ' αἰτήσεις, ἕνας
ρόδινος φάκελος

la humedad, las estrellas—son cambios imaginarios.
Un gorrión, de cuando en cuando,
se posa ahí y me mira; —nos conocemos; no tenemos
nada que decirnos.

Recuerdo una tarde, mamá acababa de salir a hacer
una visita;
entré en su habitación; me puse sus zapatos
—conservaban aún la tibieza de sus pies—
una tibieza ajena; —crecí de golpe, como si me
hubiera enterado
de un pecado inexplicable. Durante toda la semana
no me atreví
a mirar a los ojos a mamá. Me ocultaba entre los
matorrales del jardín
aguardando un castigo o una recompensa, —no sé.

Oh, sí, yo también esperaba. Siempre era quien
primero corría
cuando llamaban a la puerta—aunque no fuera para
mí. El cartero
se distinguía abajo en el llano con su bolso de piel,
como si llevara
un pequeño rectángulo de luz sobre el muslo.
Esperaba
que me llegara alguna carta. Entre
tantos
escritos oficiales e informes y solicitudes, un sobre
rosado

κ' ἐπάνω του γραμμένο τ' ὄνομά μου. –
«Χρυσόθεμις, Χρυσόθεμις»,
θ' ἄκουγα νά φωνάζουν ὅλοι παραξενεμένοι. «Ἕνα
γράμμα, Χρυσόθεμις, γιά σένα». Ἐγώ,
θἄπαιρνα ἀδιάφορα τό γράμμα, θά κλεινόμουν σ'
ἐκεῖνο τό δωμάτιο
ὅπως κλείνεται κανείς μέ τό θεό, – μονάχα οἱ δυό μας,
ἀφήνοντας ὅλο τόν κόσμο ἀπ' ἔξω, γιατί ὁ κόσμος
ὅλος
θἄμουν ἐγώ κι ὁ θεός, κ' ἡ ταυτισμένη εἰκόνα μας
μές στόν παλιό καθρέφτη.

Τ' ἄλλα κορίτσια μέναν ὅλη μέρα κάτω ἀπ' τά
μεγάλα πεῦκα
σάν κάπως ἄγρια ἀπ' τίς ἐπιθυμίες τους κι ἀπ' τήν
ὀμορφιά τους,
ξοδεύοντας ρυθμούς, κινήσεις, γέλια, μέ μαλλιά
ἀναστατωμένα,
κατάσπαρτα μ' ἐκεῖνες τίς διπλές, ξερές
πευκοβελόνες,
μέ ἀνόητα σκουλαρίκια ἀπό κεράσια, (οἱ βοῦλες
τοῦ φωτός πού τρέχανε στούς τοίχους
καί στόν καθρέφτη τοῦ παλιοῦ δωματίου, ἴσως καί
νἆταν
ἀπό τή στρογγυλάδα τῶν γονάτων τους), ὅταν ἐγώ,
λησμονημένη, μόνη,
περήφανη ἀπό μιάν οὐράνια περηφάνεια, διάβαζα
πάλι καί πάλι
τό γράμμα πού εἶχα γράψει στόν ἑαυτό μου.
(Μήπως ἔτσι δέ γίνεται πάντα;)

con mi nombre escrito encima. «Crisótemis,
Crisótemis
—los escucharía gritar a todos extrañados—.
Una carta para ti, Crisótemis». Yo
tomaría indiferente la carta, me encerraría en aquella
alcoba
como quien se encierra con Dios, —solos los dos,
dejando a todo el mundo afuera, porque el mundo
todo
seríamos Dios y yo, y nuestra imagen, fusionada,
en el viejo espejo.

Las demás muchachas pasaban el día entero debajo
de los frondosos pinos,
un poco asalvajadas por sus deseos y por
su belleza,
derrochando ritmos, movimientos, carcajadas;
con el cabello revuelto
sembrado de las agujas dobles y secas
de los pinos,
con absurdos pendientes de cerezas (tal vez los
lunares de luz que se deslizaban por las paredes
y el espejo de la vetusta alcoba
viniesen
de la redondez de sus rodillas) mientras yo, olvidada,
sola,
presuntuosa con una presunción celestial, leía una y
otra vez
la carta que me había escrito a mí misma. (¿Acaso no
pasa siempre así?).

Τί δύσκολα πούναι τά λόγια – δέ νομίζετε; – ὁ
σωστός μας λόγος
μονάχα στόν ἑαυτό μας ἀπευθύνεται ἤ,
τουλάχιστον,
μονάχα ὁ ἑαυτός μας τόν ἀκούει σωστά. Ὅλα τ'
ἄλλα
μικρές ἤ μεγάλες προφάσεις, παζαρέματα,
μεταμφιέσεις.

Σάν νύχτωνε, κατέβαινα τή μέσα σκάλα τοῦ σπιτιοῦ
σά νἄμπαινα σ' ἕνα πηγάδι,
ἔχοντας γύρω ἀπ' τό κεφάλι μου κεῖνο τό ἀόριστο
φῶς τοῦ καθρέφτη –
κ' εἶταν αὐτό πού χυνόταν ὥς κάτω στά πόδια μου·
– ἔτσι ἔβλεπα νά περπατήσω· –
φωτίζονταν μάλιστα κ' οἱ γλάστρες πλάϊ στή σκάλα.
Μέσα στήν τραπεζαρία
εἶχαν ἀνάψει κιόλας τίς λάμπες (εὐτυχῶς) – τό δικό
μου τό φῶς δέ φαίνονταν διόλου –
εἶταν κ' οἱ ὁμιλίες, κ' οἱ ἀνταύγειες τῶν
μαχαιριῶν, κ' ἡ πείνα, – ποῦ νά
ξεχωρίσεις;

Ἡ νύχτα ἁπλωνόταν πυκνόφυλλη πάνω ἀπ' τό
σπίτι, σπιθίζοντας ὅλη
ἀπό δροσοσταλίδες καί ἄστρα. Ἕνα ἄλογο χανόταν
στό βάθος
γαλάζιο μέ ἀργυρές ραβδώσεις. Οἱ καθρέφτες
κλεῖναν. Στό κρεββάτι,

Qué delicadas son las palabras—¿no le parece?—.
La palabra precisa que nosotros pronunciamos
está dirigida sólo a nosotros mismos o,
por lo menos,
sólo nosotros la escuchamos con precisión. Todo lo demás
no son sino grandes o pequeños pretextos, regateos, disfraces.

Cuando anochecía, descendía yo la escalera interior de la casa como adentrándome en un pozo,
llevando alrededor de mi cabeza aquella luz difusa del espejo—
y era ella la que se derramaba hasta mis pies; —y así, podía ver para caminar; —
se iluminaban también las macetas de la escalera. En el comedor
ya habían encendido los candiles (por fortuna)—mi luz no se veía en absoluto—,
estaban las conversaciones, y los centelleos de los cuchillos, y el hambre—¿cómo iban a distinguirla?

La noche se desparramaba frondosa sobre la casa, fulgurando
de gotas de rocío y de estrellas. Un caballo se perdía en el fondo
azul con surcos de plata. Los espejos se apagaban. En la cama,

ὀνειρευόμουν τούς βοσκούς κοιμισμένους. Τό
μάγουλό τους
ἀκουμπισμένο πάνω στό σουραύλι. Ὅταν
ξυπνοῦσαν
θἆχαν ἐκεῖ ἕνα ρόδινο βαθούλωμα καθώς οὐλή ἀπό
τραῦμα
μιᾶς μάχης μακρινῆς καί μυστικῆς. Οἱ βοσκοί πάντα
μοῦ φαίνονταν ὡραῖοι, γιατί 'ναι μόνοι· – κ' οἱ μόνοι
ὀνειρεύονται,
καί τούς ὀνειρευόμαστε κ' ἐμεῖς, ψηλά, στά βουνά,
μέσα στούς θάμνους,
ἐλεύθεροι ἀπό μάρτυρες, ἀνείδωτοι – μόνοι, μέ
μόνους.

Μονάχα ὁ ἔρωτας, πού λένε, κ' ἡ ὀμορφιά,
ἀντιστέκονται κάπως στό χρόνο-
πάρ' ὅλο πού οὔτε τὄνα οὔτε τ' ἄλλο ξέρω τί σημαίνουν
– ἕνα κάτι σάν ψαύσιμο ἐλαφρό στόν
αὐχένα.
Τά θερινά μεσημέρια
κοιτοῦσα ἀπ' τό παράθυρο τόν κοντινό λοφίσκο.
Ἐκεῖ πάνω
μαζεύονταν οἱ κυνηγοί κάτω ἀπ' τά δέντρα· τρῶγαν
μεγάλα καρπούζια·
τά δόντια τους λαμποκοποῦσαν καθώς δάγκωναν
τήν κόκκινη σάρκα –
λαμποκοπούσαν τόσο πού ἔσφιγγα τή φοῦστα μου
μέ πεῖσμα
ἀνάμεσα στά γόνατά μου. Ἀργότερα ἀπομένανε
στό χῶμα

yo soñaba con pastores dormidos.
La mejilla
reposando sobre el pífano. Cuando
despertaran
tendrían una oquedad rosada, como la herida
cicatrizada
de una batalla lejana y misteriosa. Los pastores siempre
me han parecido hermosos, porque están solos; —y
los solos sueñan,
y también los soñamos nosotros, arriba,
en las montañas, entre los arbustos,
libres de testigos, no vistos—solos,
con otros solos.

Únicamente el amor, como dicen, y la belleza, se
resisten de alguna manera al tiempo—
aunque no sé lo que quiere decir ni lo uno ni lo
otro—algo como un roce ligero
en la nuca.
Los mediodías de verano
veía desde la ventana la loma cercana.
Ahí arriba
se reunían los cazadores al abrigo de los árboles;
comían grandes sandías;
sus dientes brillaban al morder la pulpa
roja—
brillaban tanto que yo apretaba obstinada
mis faldas
entre las rodillas. Luego quedaban sobre
la tierra

οἱ μαῦροι σπόροι νά ξεραίνονται μές στό λιοπύρι
σάν θρύμματα μιᾶς ὄμορφης νύχτας – σκόρπιες
    στάχτες
ἀπό κρυφές πυρκαϊές, μικρά-μικρά μαῦρα σημάδια
μιᾶς ἥσυχης, μιᾶς τρυφερῆς μετάνοιας πρίν ἀπ' τήν
    ἁμαρτία

Κάποτε ἕνα χαμόγελο ἀνεξήγητο κυματίζει στόν
    ἀέρα. Ἕνα δείλι, στόν κῆπο,
σκυφτή στό ἐργόχειρό μου, ἀναμετρώντας τό
    ἄσκοπο τῶν γεγονότων,
τό ἄσκοπο τοῦ ἴδιου τοῦ κεντήματος – μή
    σταματώντας ὡστόσο νά κεντάω –
μιά λάμψη ξαφνική μοῦ γέμισε τά χέρια καί τά
    μάτια· – δυό μεγάλα πόδια
ξυπόλυτα, νεαρά, μέ ἄψογα νύχια, εἶχαν
    περάσει
ἐκεῖ μπροστά μου. Ὁ νέος κηπουρός μας
σάρωνε τά πεσμένα φύλλα τῶν εὐκάλυπτων. Δέ
    σήκωσα τά μάτια, –
μοὖφτανε ἡ εἰκόνα ἐκείνων τῶν γυμνῶν ποδιῶν καί
    τῆς σκούπας.

Ἡ κάθε μέρα κάτι μᾶς ἀφήνει γιά τή νύχτα· – εἶναι
    δύσκολος κάποτε ὁ ὕπνος
ἄν κάτι ὡραῖο δέν ἔχεις ν' ἀντιπαραθέσεις στό
    σκοτάδι που ἐνεδρεύει. Τώρα
μόνον τ' ἀγάλματα μένουν στή διάθεσή μου –
    ἀνέγγιχτα κι αὐτά, γυμνά, δίχως δάφνες,

las negras semillas que se secaban bajo el sol abrasador
como añicos de una bella noche—cenizas
desperdigadas
de incendios secretos, pequeñísimos indicios negros
de un apacible, de un tierno arrepentimiento
anterior al pecado.

A veces una inexplicable sonrisa ondeaba en el aire.
Un atardecer, en el jardín,
inclinada sobre mi labor, midiendo la inutilidad
de los acontecimientos,
la inutilidad de mi propio bordado—sin por eso
dejar de bordar—,
un destello inesperado me llenó las manos y los ojos;
—dos grandes pies
descalzos, jóvenes, con uñas irreprochables, habían
pasado
delante a mí. Nuestro joven jardinero
barría las hojas caídas de los eucaliptos. No alcé
los ojos, —
me bastaba la imagen de aquellos pies desnudos
y de la escoba.

Cada día nos deja algo para la noche; —a veces
cuesta conciliar el sueño
si no hay nada hermoso que contraponer a la
oscuridad que acecha. Ahora
sólo las estatuas están a mi disposición—intactas
ellas también, desnudas, sin laureles,

ἤ ἐκεῖνοι οἱ μακρινοί σαλπιγκτές πάνω στά τείχη,
ὀρθοί, γραμμένοι
στόν χρυσοπόρφυρο οὐρανό τῆς ἑσπέρας – δέν
εἶναι λίγο.

Γι' αὐτό κ' ἡ εὐχαριστία μου κ' ἡ προσευχή μου
πρίν ἀπ' τόν ὕπνο,
κι ὁ καλός ὕπνος, καί τ' ὄμορφο ξύπνημα, κι ὁ
καλός θάνατος, –
μέ τό καλό νάρθεῖ – παράπονο δέν ἔχω, – τόν γνώρισα·
εἴμαστε φίλοι πιά· σ' αὐτόν χρωστάω τά
περισσότερα:
τό νόημα τῆς ζωῆς – θέλω νά πῶ τήν ἔλλειψη κάθε
νοήματος. Πολύ ἀργά τό μαθαίνουμε –
ἕνα ἄγγιγμα ἥσυχου φτεροῦ – καί τό φτερό
διαποτισμένο ἀπό ὕψος-
ἔτσι λέμε τουλάχιστον – δικαιολογίες, μεταστροφές,
θλιμμένες πανουργίες.

Μήπως θά θέλατε ν' ἀνάψω φῶς; Σά νἄχει
σκοτεινιάσει κάπως.
Ἐμεῖς κρατήσαμε στό σπίτι τίς παλιές μας λάμπες
πετρελαίου· –
συνηθίσαμε, βλέπετε· τίς ἔχουμε πονέσει,
πάρ' ὅτι
χαίρομαι τά καινούργια πράγματα, – μοῦ
ἐπιτρέπουν νά βλέπω
μές ἀπ' τίς ἀλλαγές αὐτό πού λέμε ἀμετάβλητο.
Πολύ διασκεδάζω

o aquellos cornetas alejados sobre las murallas,
erguidos, dibujados
sobre el cielo púrpura-dorado del atardecer—no es
poco.

De ahí mi gratitud y mis plegarias antes
de dormir,
y el buen sueño, y el bello despertar, y la buena
muerte, —
bienvenida sea; —no tengo queja, —la conocí;
nos hemos hecho amigas; a ella le debo muchas
cosas:
el sentido de la vida—quiero decir la falta de todo
sentido. Tardamos en aprenderlo—
el roce de un ala apacible—y el ala empapada
en altura—
eso decimos por lo menos—excusas, virajes,
tristes astucias.

¿Quiere que encienda yo la luz? Parece que ha caído
la noche.
Hemos conservado en casa los antiguos quinqués
de petróleo; —
por costumbre, ya lo ve; nos hemos apiadado
de ellos, pese a que
disfruto con las cosas nuevas, —me permiten
ver,
en medio de los cambios, lo que llamamos constante.
Me divierten

μέ τίς προόδους στά καπέλα, στά ἐνδύματα, στίς
ὀμπρέλες, στά ἀμάξια,
στά βιολοντσέλα, στή μαγειρική, στίς φυλακές, στά
ἀεροπλάνα, – ὤ, θέ μου,
ἡ μή ἀλλαγή, ἡ ὡραία, ἡ ἀδυσώπητη, – κι ἀπόφαση
κανείς δέν τό παίρνει.

Τά λαδοφάναρα, τά κηροπήγια, οἱ λυχνίες
ἀντικαταστάθηκαν
μέ ἠλεκτρικά λαμπιόνια – εὐκολίες, δυσκολίες. Τίς
νύχτες
κοιτάω μακριά στήν πολιτεία τίς μεγάλες
πολύχρωμες ρεκλάμες·
καμμιά φορά σβήνω τή λάμπα – ἀφήνω νά
φωτίζεται τό δωμάτιό μου
ἀπό τόν ἔξω μακρινό φωτισμό – πότε γαλάζιο ἤ
κίτρινο ἤ μενεξεδένιο,
πότε τριανταφυλλί ἤ βερυκοκκί, – μιά ξένη κάμαρα,
μέ ξένα φῶτα –
ξένη κ'ἐγώ μέ τήν ἐπίγνωση τοῦ μακρινοῦ καί τοῦ
ἄφταστου, μέ τή βαθύτατη ἐκείνη
ἐπίγνωση τῆς ἥμερης γενικῆς ξενητειᾶς, σά μυστική
φιλία
μέ ὅλους καί μέ ὅλα, – μιά καί τίποτα πιά δέ μᾶς ἀγγίζει
κι οὔτε μπορεῖ, φυσικά, νά μᾶς προσβάλει – μιά
θεσπέσια φαντασμαγορία.

Κι ἡ κάμαρά μου – καράβι χρυσό-μενεξεδένιο –
ταξιδεύοντας μέσα στή νύχτα,

los adelantos en los sombreros, la ropa, las
sombrillas, los coches,
en los violonchelos, la gastronomía, las cárceles, las
aeronaves, —oh, Dios mío,
el no cambio, bello, despiadado, —pero nadie se
decide.

Las lamparillas de aceite, los candelabros, los
candiles fueron sustituidos
por bombillas eléctricas—facilidades, dificultades.
Por las noches
miro a lo lejos, en la ciudad, los grandes anuncios
luminosos;
alguna vez apago el quinqué—dejo que mi
habitación se ilumine
con el lejano resplandor de afuera—unas veces azul
o amarillo o violeta,
otras rosado o albaricocado, —una alcoba ajena, con
luces ajenas—
ajena también yo con la conciencia de lo lejano e
inalcanzable, con aquella tan profunda
conciencia del ahora tranquilo destierro
generalizado, como una amistad secreta
con todos y con todo, —puesto que ya nada nos roza
ni puede, físicamente, ofendernos—una exquisita
fantasmagoría.

Y mi alcoba—barco violeta y dorado—viajando en la
noche,

κι ἐγώ κατάμονη μές στό καράβι – καθόλου, μά
καθόλου θλιμμένη, –
οὔτε τιμόνι, οὔτε κουπί – ξέροντας τό ἄχρηστο
(καί μάλιστα ἐπιζήμιο)
τοῦ τιμονιοῦ, τοῦ κουπιοῦ, τῆς πυξίδας.
Θυμᾶμαι
ἐκείνη τή μεγάλη νύχτα – τήν παραμονή τοῦ φόνου:
Ὁ ἀδελφός μου
στάθηκε μιά στιγμή στό κεφαλόσκαλο ἔξω τῆς
μαρμάρινης σκάλας,
κοίταξε ἀμίλητος τόν οὐρανό, μέ τό κεφάλι του
ὄμορφα ὑψωμένο:
«Μόνα κουπιά μας – εἶπε – ἴσως νἆναι τ' ἀστέρια·
μά κ' ἐκεῖνα
δέν τά κρατᾶμε ἐμεῖς, – πῶς θά μποροῦσε;». Τόν
ἔνιωσα ἀμέσως.
Ἡ μεγάλη ἀδελφή μου δέν κατάλαβε. Τοὔδωσε τό
σπαθί κρυμμένο κάτω ἀπ' τήν ποδιά της.

Λοιπόν, δέ φέραμε στό σπίτι ἠλεκτρικό. Κρατήσαμε
τίς λάμπες –
πιό συμπαθητικές αὐτές· – τό καπνισμένο γυαλί, ἡ
ὀσμή τοῦ πετρελαίου –
μιά ζεστασιά· κ' οἱ μεγάλες σκιές στό ταβάνι, στούς
τοίχους. Πότε-πότε
κρεμᾶμε μιά παλιά φουρκέτα ἀπ' τά μαλλιά τῆς
μητέρας
μή σπάσει τό γυαλί. Τότε μοῦ φαίνεται ἡ
φουρκέτα
σάν ἕνας ἐλάχιστος ἱππέας μέ χαλύβδινο θώρακα

y yo completamente sola en el barco—y en absoluto,
pero en absoluto triste, —
sin timón, sin remo; —sabiendo lo inútil (más aún—
nocivo)
del timón, del remo, de la brújula.
Recuerdo
aquella larga noche—víspera del crimen:
mi hermano
se detuvo un momento en el rellano exterior
de la escalera de mármol,
miró en silencio el cielo, con su cabeza bellamente
levantada:
«Nuestros únicos remos—dijo—quizá sean
las estrellas; pero ni a ésos
los empuñamos nosotros, —¿cómo podríamos?».
Lo entendí de inmediato.
Mi hermana mayor no comprendió. Le dio la espada
que llevaba oculta bajo el delantal.

Y bien, no trajimos la electricidad a casa.
Conservamos los quinqués—
son más agradables; —el vidrio ahumado, el olor
a petróleo—
cierta calidez; y las inmensas sombras en el techo,
en las paredes. De vez en cuando
les colgamos una vieja horquilla de las del cabello
de mamá,
no sea que se reviente el vidrio. Entonces la horquilla
me parece
un caballero diminuto con coraza de acero

καβάλλα στό γυάλινο ἄλογό του, μιά νύχτα
καταιγίδας.
Ἔτσι, πάντα,
τό κάθε τί τῆς μητέρας μοὔδινε τήν ἐντύπωση
τοῦ πάνοπλου· – τί πάνοπλο,
ἀλήθεια;
Μᾶς ἄφησε κι αὐτή μ' ἕνα πελέκυ στό πλευρό σά
δεύτερο φτερό της.

Ὕστερα φτάσαν τά μεγάλα ποντίκια, ἡ σκουριά, ὁ
ξυλοφάγος, ὁ σκόρος –
μέ τόν καιρό ἀποθρασυνθήκανε, μασοῦσαν
ὁλοφάνερα τά ξύλα, τούς τοίχους,
τά ὑφάσματα, τά σίδερα· – τίποτα δέν μποροῦσες
νά φυλάξεις.
Τούς τά παραχωρήσαμε, λοιπόν, κι ἐμεῖς, – δέ μᾶς
ἔνοιαζε διόλου, –
μήτε πού ἀκούγαμε τό ἀτέλειωτο ροκάνισμά τους.
Αὐτή ἀκριβῶς τήν ὥρα
ἀνακαλύψαμε τό ἀδούλωτο μέσα στήν πλήρη
παράδοση.
Πελώριοι ἀρουραῖοι
σκύβανε στά μεγάλα κιούπια, πίνανε τό λάδι,
σκαρφαλῶναν στό ταβάνι,
ἔτρωγαν τά φιτίλια ἀπ' τίς καντῆλες, ροκανίζαν μέ
ἀπληστία
τά παπούτσια μας κάτω ἀπ' τά κρεββάτια.
Κι εἶταν στιγμές πού θαρροῦσες
πώς κάποιοι περπατοῦσαν κάτω, χαμηλά, στά
ὑπόγεια, μές στό χῶμα,

montado sobre su rocín de vidrio en noche
de tormenta.
Y así, siempre,
cada pequeño objeto de mamá solía darme
la impresión de estar bien pertrechado;
—¿de qué pertrechos hablamos?
Se fue con un hacha en el costado a modo
de su segunda ala.

Después llegaron los grandes ratones, el orín,
la polilla, las termitas—
con el tiempo se descararon y roían la madera,
las paredes,
los tejidos, los hierros; —no lográbamos preservar
nada.
Cedimos, pues, ante ellos, nosotros también, —ya ni
siquiera
nos importaba oír aquel interminable roer suyo.
Justo en ese momento
descubrimos la no esclavitud en la
rendición total.
Enormes ratas
se encaramaban en las grandes tinajas, se bebían
el aceite, se subían al tejado,
se comían las mechas de las candelas, roían
con avidez
nuestros zapatos debajo de las camas.
Y en esos momentos imaginabas
que alguien caminaba abajo, en los sótanos,
en los subterráneos, dentro de la tierra,

κι ἐμείς, ἀσάλευτες, ψηλά, πάνω ἀπ' τίς μάταιες
κινήσεις,
πάνω ἀπ' τό φόβο τῆς φθορᾶς, σάν ἄφθαρτες, σάν
τελειωμένες.

Μιά νύχτα, ἀνέβηκε ἕνας ἀρουραῖος στό κρεββάτι
μου – ἑτοιμάζονταν ἴσως
νά μοῦ μασήσει τό χέρι. Τόν κοίταξα στά μάτια,
σχεδόν μέ συμπάθεια.
Ἐκεῖνος άπέφυγε τό βλέμμα μου, στράφηκε κ'
ἔφυγε. Στό τέλος
μᾶς ἐγκατέλειψαν καί οἱ ἀρουραῖοι – ὄχι γιατί δέν
εἶχαν πιά τί νά φᾶνε,
ἀλλά γιατί δέν τούς φοβόμασταν. Μονάχα, κάποτε,
θυμᾶμαι, ἡ ἀδελφή μου,
περασμένα μεσάνυχτα, στάθηκε γιά ὥρα μπροστά
στόν καθρέφτη
καί χτενιζόταν μέ πολλή προσοχή. Μάζεψε πάνω τά
μαλλιά της
καί φόρεσε ἕνα κράνος τοῦ πατέρα. Πλάγιασε ἔτσι,
μέ τό κράνος.

Ἐγώ προσποιόμουν πώς κοιμᾶμαι. Ὅμως ἐκείνη:
«Ξέρεις – μοῦ εἶπε –
φοβᾶμαι μή μοῦ φᾶνε τά μαλλιά· – κ' οἱ φαλακρές
γυναῖκες
μοιάζουν μ' ἐκεῖνες τοῦ ψυχιατρείου, τίς
κουρεμένες. Ὄχι, ὄχι, δέ θέλω – »,
καί μονομιᾶς ἔμοιασε τοῦ πατέρα. Σέ λίγο

y nosotros, inmóviles, arriba, más allá de los inútiles
movimientos,
más allá del miedo al deterioro, como imperecederas,
como acabadas.

Una noche se subió una rata a mi cama—se
preparaba, quizá,
para masticarme la mano—. La miré a los ojos,
casi con compasión.
Ella evitó mi mirada, se dio la vuelta y huyó.
Al final
nos abandonaron también las ratas—no porque ya
no tuvieran qué comer,
sino porque no les teníamos miedo. Sólo, alguna vez,
me acuerdo, mi hermana,
pasada la medianoche, se detuvo un largo rato frente
al espejo,
peinándose con mucho esmero. Se recogió
los cabellos
y se puso el casco de papá. Así se acostó, con el casco
puesto.

Yo fingía dormir. Pero ella: «¿Sabes?
—me dijo—,
temo que se coman mis cabellos; —y es que
las mujeres calvas
se parecen a las del psiquiátrico, las rapadas.
No, no, no quiero»,
y de repente se pareció a papá. Al poco

ξανάβγαλε τό κράνος, τό ἀκούμπησε σέ μιά
καρέκλα κ' ἐκοιμήθη.
Ἡ φλόγα τοῦ κεριοῦ τρεμοσάλευε πράσινη πάνω
στό κράνος.

Ὅλα ἀποσύρθηκαν μέ τόν καιρό σάν τά ποντίκια,
σάν τούς αὐλοκόλακες, τούς ὑπηρέτες
ἤ σάν τά κύματα πιότερο. Μόνο μιά μυρωδιά ἀπό
ἀλάτι ἔχει ἀπομείνει,
ἡ μυρωδιά μιᾶς διάρκειας, μαζί μ' ἐμᾶς, χωρίς ἐμᾶς,
– τί σημαίνει; –
κεῖνο τό ἀλάτι στό ψωμί, στό νερό, στόν ἀέρα –
αὐτό πού λέμε ἐλευθερία, χωρίς νά ξέρουμε ποτέ τί
ζητᾶμε καί τί εἶναι.

Αὐτό ἀκριβῶς δέν ἄντεξε ἡ μεγάλη ἀδελφή μου.
Ἕνα ἀπόγευμα
χώθηκε μές στό τζάκι, βάφτηκε μέ τήν καπνιά –
χέρια καί πρόσωπο καί πόδια –
ὕστερα στάθηκε μπρός στόν καθρέφτη καί
κοιτάζονταν: «Ἄϊ, ἄϊ – θρηνοῦσε –
ἄϊ, ἡ καημένη κατακάηκε, ἄϊ, ἡ μαύρη
καταμαύρισε», κ' ἔχυνε μαῦρα δάκρυα,
μαῦρα, στ' ἀλήθεια, ἀπ' τήν καπνιά. Δέν ἤξερα πιά
τί νά κάνω·
πῆρα ἕνα κόκκινο μεταξωτό πανί καί τὄκοψα
λουρίδες. Τότε, ἀμέσως,
ἐκείνη σώπασε. Κοίταξε ἀπ' τό παράθυρο σχεδόν
γαληνεμένη

se quitó el casco, lo dejó en una silla y se quedó
dormida.
En el casco, la llama de la vela parpadeaba,
verdosa.

Todo se fue retirando con el tiempo, como los ratones,
como los aduladores, como las sirvientas
o, más bien, como las olas. Sólo ha quedado un olor
a sal,
el olor de un lapso, con nosotras, sin nosotras,
—¿qué importancia tiene?—
aquella sal en el pan, en el agua, en el aire—
eso que llamamos libertad, sin que jamás sepamos
qué pedimos ni qué es.

Eso es justamente lo que no soportó mi hermana
mayor. Una tarde
se metió en la chimenea, se pintó con hollín—los
brazos, el rostro, las piernas—,
después se detuvo frente al espejo a mirarse:
«Ay, ay—se lamentaba—,
ay, la pobrecita se ha quemado, ay, la negra se ha
renegrido», y vertía negras lágrimas,
negras, de verdad, por el hollín. Yo ya no sabía
qué hacer;
cogí una tela de seda roja y la hice cintas. Entonces,
de inmediato,
ella se calló. Miró por la ventana casi
tranquilizada

δένοντας ένα κόκκινο κουρέλι ολόγυρα στό
μέτωπό της.

«Ὁ ἥλιος – εἶπε – βασιλεύει κόκκινος, – τί κόκκινος,
θέ μου.
Ὅλοι περνᾶμε, λοιπόν, ἡσυχάζουμε». Καί ξάφνου
ἀνάλαμψε ἡ ἑσπέρα
κόκκινη μέ μαβιές καί πράσινες κηλίδες. Πλησίασα
στό παράθυρο· Στόν κῆπο
κάτω ἀπό μιά πολυθρόνα διακρίνονταν κάτι
μεγάλα σαντάλια,
πολύ μεγάλα, καταπόρφυρα, – δέν εἶταν
κανενός μας. Πάνω στούς
λόφους
ἄρχισαν νά χτυποῦν οἱ ἑσπερινές καμπάνες. Μιά
ὑπηρέτρια
ἔτρεχε κάτω ἀπ' τούς εὐκάλυπτους κρύβοντας κάτι
μές στόν κόρφο της. Κ' ἔπεφτε ἡ νύχτα.

Ἔτσι περάσαν τά χρόνια, (πῶς περάσαν; – δέν
τὄνιωσα), κ' ἐγώ
πάντα στό περιθώριο τῶν συμβάντων, – εἶμαι
τάχατε ἐγώ πού ἔχω ζήσει, μή ζώντας,
τόσες καί τόσες ζωές, καί τήν ἴδια τή ζωή μου; Μιά
φορά μόνον,
σάν εἴτανε τιμωρημένη γιά τό πεῖσμα της ἡ μεγάλη
ἀδελφή μου,
τῆς πῆγα κρυφά τροφή καί νερό.
Πολύ εὐχαριστήθηκα

atándose un guiñapo rojo alrededor
de la frente.

«El sol—dijo—cuando se pone es rojo, —y qué rojo,
Dios mío.
Todos pasamos, por tanto, nos serenamos».
Y de pronto resplandeció la tarde
roja, con manchas lilas y verdosas. Me acerqué
a la ventana. En el jardín,
debajo de una butaca, se distinguían unas sandalias
grandes,
muy grandes y muy púrpuras, —no eran
de ninguno de nosotros. Arriba en
los cerros
comenzaron a tañer las campanas vespertinas.
Una sirvienta
corría bajo los eucaliptos escondiendo algo
en su seno. Y cayó la noche.

Así pasaron los años (¿cómo pasaron?—no me
di cuenta), y yo,
siempre al margen de los acontecimientos, —¿acaso
soy yo quien
ha vivido, sin vivir, tantas y tantas vidas, y también
mi propia vida? Una sola vez,
cuando mi hermana mayor había sido castigada
por su tozudez,
intenté llevarle a escondidas agua y alimentos.
Me hizo feliz

πού κάποιον θά μποροῦσα νά νοιαστῶ, πού κάποιος
εἶχε τήν ἀνάγκη μου. Μ' ἄρεσε
κι ὅλη ἡ ἑτοιμασία, τό μυστήριο, ὁ κίνδυνος. Δέν τά
κατάφερα.

Μέ πιάσαν μπρός στήν πόρτα. Μέ τιμώρησαν καί μένα.
Εἶταν μιά ξέχωρη χαρά νἄχω τιμωρηθεῖ γιά
κάποιον καί γιά κάτι·
ἐγώ, ἡ τιμωρημένη πάντα ἀπό τόν ἴδιο τόν ἑαυτό
μου, ν' ἀξιωθῶ ἐπιτέλους
μιά τιμωρία γιά μιά πράξη· – εἴμουν πολύ περήφανη
γιά τοῦτο.
Ἔβλεπα πιά τά πράγματα κ' ἐμένα σέ μιά σχέση
φανερή πρός τούς ἄλλους. Θυμᾶμαι
πού ἔτσι κλεισμένη σέ μιά κάμαρα μετροῦσα τά
κουμπιά τοῦ φουστανιοῦ μου,
κ' εἴτανε πέντε, – δέν τὄξερα – ἕνα ὄμορφο 5, –
τὄβλεπα μεγάλο
γραμμένο στόν τοῖχο· – κ' εἶταν πέντε ἀκριβῶς τά
δάχτυλά μου πού μετροῦσαν.

Ὅσο γιά τή μητέρα, – ἡ δύστυχη ποτέ δέν
τιμωρήθηκε. Ἐκείνη
μονάχα τιμωροῦσε (καί θαρρῶ πώς μόνον οἱ
τιμωρημένοι
ἔχουν καιρό καί τρόπο νά σκεφτοῦν· μόνο οἱ
τιμωρημένοι
μεγαλώνουν σωστά – κι ἄς μή φαίνεται –
διατηρώντας ὥς τό τέλος

poder preocuparme de alguien, que alguien
me necesitara. Me gustaron
los preparativos, el misterio, el peligro.
No lo conseguí.

Me pillaron en la puerta. Me castigaron a mí también.
Fue una alegría especial que me hubiesen castigado
por alguien y por algo;
yo, la que siempre se castigaba a sí misma, había
merecido al fin
un castigo por un acto; —estaba muy orgullosa
de eso.
Ahora veía las cosas y a mí misma en clara relación
con los otros. Recuerdo
cómo encerrada en una alcoba contaba los botones
de mi vestido,
y eran cinco, —no lo sabía—, un bello 5, —lo veía
grande
escrito en la pared; —y eran cinco exactamente
mis dedos que contaban.

En cuanto a mamá, —pobre infeliz, jamás fue
castigada. Ella
sólo castigaba (y juraría que sólo los
castigados
tienen tiempo y forma de pensar;
sólo los castigados
crecen correctamente—aunque no lo parezca—
conservando hasta el final

ὅλα τά στάδια τῆς αὔξησής τους).
Ἡ ἄμοιρη ἡ μητέρα
τά πλήρωσε ὅλα μονομιᾶς. Ποτέ δέν τήν εἶδα νά κλαίει
ἤ νά παρακαλεῖ. Μόνο, τήν ὕστατη στιγμή, τά
σκοτεινά της μάτια
σταμάτησαν πελώρια, σαστισμένα, πανέμορφα, σάν
μεμιᾶς νά συλλάβαν
ὅλο τό νόημα τῆς ζωῆς, ὅλη τή ματαιότητα τῆς
ὅποιας ἐξουσίας,
ἴσως κι ὅλο τό νόημα τῆς ὀμορφιᾶς –πάντοτε
ἀνέφικτης, κι ὡστόσο βιωμένης.

«Ἡ αἴσθηση τοῦ ὡραίου» – θυμᾶμαι ποὔλεγε ὁ
παιδαγωγός μας – «συνυφαίνεται πάντα
μέ τήν ἔννοια τοῦ μάταιου». Καί μονάχα τό ὡραῖο
θαρρῶ μπορεῖ ν' ἀντέξει
ἄντικρυ σ' ὅλο τό μάταιο κι ἀνεξήγητο, χωρίς ἐλπίδα
δικαίωσης ἤ ἀνάστασης. – Ἄ, ἐκείνη ἡ εὐγενική
ἀνιδιοτέλεια. Ἡ ἀδελφή μου
δέν ἀνεχόταν τό ἀνεξήγητο, – κ' ἴσως γι' αὐτό
παραλόϊσε. Μονάχα
στά τελευταῖα της χρόνια τὄρριξε στό πλέξιμο –
φανέλες, κάλτσες,
γάντια, κασκόλ, – ὄχι πού κρύωνε – δέ φόρεσε ποτέ
κανένα·
γέμισε μιά κασέλα ὁλάκερη· – καθόταν πάνω της τά
βράδια
σκυφτή, μέ σταυρωμένα χέρια· – ὤ, ναί, θά κρύωνε
– δέν τά φοροῦσε·

todos los estadios de su desarrollo).
Y mamá, la desdichada,
lo pagó todo de golpe. Jamás la vi llorar
o pedir. Sólo, en el último minuto,
sus ojos oscuros
se detuvieron, inmensos, perplejos, bellísimos, como
si de pronto entendieran
el sentido de la vida, lo inútil de toda
autoridad,
quizá, incluso, la razón de ser de la belleza—siempre
inalcanzable, y, sin embargo, vivida.

«El sentido de lo bello—solía decir nuestro
maestro—siempre se entreteje
con el sentido de lo inútil». Yo diría que sólo lo bello
puede aguantar
frente a todo lo inútil e inexplicable, sin esperanza
de justificación o de resurrección. —Ah, esa
comedida generosidad. Mi hermana
no toleraba lo inexplicable, —y quizá por eso perdió
el juicio. Sólo
en sus últimos años le dio por el tejido—camisetas,
calcetines,
guantes, bufandas, —no porque tuviera frío—nunca
se los puso;
llenó un arcón completo; —por las tardes se sentaba
encima,
encorvada, con los brazos cruzados; —oh, sí, tendría
frío; —no se los ponía.

Κάποτε, πάνω στήν ἀρρώστια της, ὅταν σωθῆκαν οἱ
κλωστές της,
ξήλωσε μιά παλιά, ἑτοιμόρροπη, λινή
κουβέρτα
κλωστή-κλωστή – κοβόταν – κόμπο-κόμπο, κ'
ἔφτιαξε μέ τή βελόνα
ἕναν περίφημο ἄθλο καρτερίας –ἕνα μικρό
πετσετάκι· – μοῦ τό χάρισε–
(παρ' ὅλο τό χαμένο λογικό της, εἶχε θυμηθεῖ πώς
εἶταν τά γενέθλιά μου).

Ποτέ δέν ἔλαβα πολυτιμότερο δῶρο. Τὄχω πάντα
κοντά μου. Κι ἀλήθεια,
κάθε ὄμορφο πράγμα ἔχει μιά ἀτέλειωτη
προϊστορία καί χιλιάδες ἀθώρητους κόμπους
καί μιά μικρή βελόνα ὑπομονής μέ χιλιοτρυπημένα
δάχτυλα. Ἴσως
ἡ ἄλλη ὄψη τοῦ ὡραίου νἆναι ἡ ἁγιότητα, – ποιός
ξέρει; – τίποτα δέν ἔχω μάθει.

Ἔφυγαν ὅλα. Ἀπόμεινε μονάχα αὐτή ἡ ἀπέραντη
ἡσυχία. Θαυμάζω:
εἴμουνα τάχα ἐγώ; – πόσα πρόσωπα – ὅλα ξένα, ὅλα
δικά μου, ἀγαπημένα –
τό δικό μου τό πρόσωπο. Κ' ἡ αἴσθηση τούτη ἡ
ἐξαίσια, κάποιες ὧρες,
πώς τίποτα δέ χάθηκε· – δέ χάνεται τίποτα.
– Ἀκοῦτε;

En una ocasión, en medio de su enfermedad, cuando
se le acabó el estambre,
deshizo una vieja manta de lino que estaba en un
estado lamentable,
hilo a hilo; —se rasgaba—nudo a nudo, y con la
aguja realizó
una magnífica hazaña de perseverancia—una
servilleta pequeñita; —me la regaló—
(pese a su cordura perdida, se acordó de mi
cumpleaños).

Jamás he recibido un regalo más valioso. Lo tengo
siempre cerca. Y así es,
todo objeto bello tiene una prehistoria interminable
y miles de nudos invisibles
y una pequeña aguja de paciencia con dedos mil
veces pinchados. Quizá
la otra cara de lo bello sea la santidad, —¿quién
sabe?— no he aprendido nada.

Todo se fue. No quedó sino esta interminable
quietud. Me sorprendo:
¿acaso era yo? Cuántos rostros—todos extraños,
todos míos, amados—
mi propio rostro. Y esa exquisita sensación, por
momentos,
de que nada se había perdido; —nada se pierde.
—¿Me escucha?

Κλείνουν τά μαγαζιά στήν ἀγορά, ἐκεῖ κάτω.
Ὁ θόρυβος τοῦτος
ἀπό κλειδιά, λουκέτα, σιδερένια ρολά, πολύ μ' ἀρέσει. «Τέλος. Τέλος. Τέλος»,
εἶναι σά νά φωνάζουν τά κλειδιά, ἀπό πόρτα σέ πόρτα,
ἀπό λόφο σέ λόφο, ἀπό χρόνο σέ χρόνο, τοῦτοι οἱ χάλκινοι ἀγγελιαφόροι –
τέλος τῆς ἐμπορίας καί τῶν συναλλαγῶν,
– δέ νομίζετε;
Στό βάθος
τά βουνά γαλανίζουν. Ἕνα ρόδινο νέφος ἀνασαίνει ἀκόμη
πάνω ἀπ' τούς κήπους. Κάποιος ἀνεβαίνει περίσκεπτος
μιά ξύλινη σκάλα. Βγαίνει στήν ταράτσα. Κοιτάζει.
Ἐκεῖ πάνω
βρίσκεται κιόλας τό φεγγάρι, πλάϊ σ' ἕνα ποτήρι
ξεχασμένο ἀπό χτές στό πεζούλι.
Πάντα τό φεγγάρι
μᾶς δίνει τήν ἐντύπωση τοῦ ποτηριοῦ, – πότε γεμάτο γάλα,
πότε γεμάτο παγωμένο ἤ χλιαρό νερό, κι ἄλλοτε πάλι
γεμάτο ἕνα παράξενο, κίτρινο ὑγρό, ὅπου διαλύονται ἀκόμη
δυό-τρεῖς λευκές παστίλιες δυνατό ὑπνωτικό,
– ἤ μία
ἀφήνει μιάν οὐρά λεπτές φυσαλίδες ἀπ' τή βάση πρός τά ἐπάνω,
ἕνα λεπτό λοφίο μιᾶς ἄφαντης, ἥσυχης νίκης – ἕνα θρόϊσμα, θέ μου –

Están cerrando las tiendas allá abajo, en el mercado.
Este ruido
de llaves, candados, persianas de metal, me gusta
mucho. «Fin. Fin. Fin»,
parecen gritar las llaves, de puerta en puerta,
de cerro en cerro, de año en año, estos heraldos
de cobre—
es el fin del comercio y de los trueques, —¿no
le parece?
Al fondo
las montañas azulean. Una nube rosada todavía
respira
encima de los huertos. Alguien sube
prudente
unos peldaños de madera. Sale a la terraza. Mira.
Allá arriba
se encuentra ya la luna junto a un vaso
olvidado desde ayer en el alféizar.
La luna siempre
nos da la impresión del vaso, —unas veces lleno
de leche,
otras lleno de agua helada o quizá tibia,
y otras más
lleno de un curioso líquido amarillo, en el que aún
se disuelven
dos o tres pastillas blancas de un fuerte somnífero,
—una
deja una estela de finas burbujas que sube desde
el fondo,
el fino penacho de una victoria tranquila, invisible
—un rumor suave, Dios mío—

ὁ ὄμορφος ὕπνος πλησιάζει, χωρίς ὄνειρα, ὁ
ὕστατος ὕπνος.

Πέρασαν πιά τά χρόνια. Ἀλάφρωσα πολύ,
παραβάρυνα. Χαίρομαι
αὐτή τήν ἐλαφρότητα κι αὐτό τό βάρος. Ἕνα βαθύ
χαμόγελο
μέ ἀνασηκώνει ἀπ' τίς μασκάλες· δέν πατῶ στό
χῶμα· – ντρέπομαι
μή καί μέ δεῖ κανείς νά περπατῶ στόν κῆπο σάν
πουλί. Ντρέπομαι
γι' αὐτή τήν παιδική μου ἐλαφρότητα. Ἀράζω ἐδῶ
στό παράθυρο
μέ τίς βροχές, μέ τίς λιακάδες, – δέ χόρτασα ἀκόμη
νά βλέπω.

Τά πρωϊνά τῆς ἄνοιξης σηκώνομαι πολύ νωρίς,
τήν ὥρα
πού ὅλα βαθιά μας και τριγύρω φέγγουν ἥσυχα, μέ
τήν ὄμορφη θλίψη
τήν ἄσκοπη καί ἀναίτια σάν τήν ἴδια τή ζωή. Ὁ
ἐλάχιστος βόμβος
ἀπ'τό φτερό τῆς μέλισσας ἀφήνει ἕνα μεγάλον ἴσκιο
σ' ὅλο τό μῆκος τῆς διαφάνειας. Ἄλλοτε κάθομαι κι
ἀκούω τά τζιτζίκια,
αὐτούς τούς νάνους τρελλούς τυμπανιστές, γύρω
στίς πολεμίστρες,
μέσα σ'ἐκεῖνα τά ἐκτυφλωτικά μεσημέρια· – οἱ
φωνές τους

el dulce sueño se acerca, sin ensueños, el último
sueño.

Han pasado los años. Me he vuelto mucho más
liviana, más pesada también. Me regocija
esta liviandad y esta pesantez. Una profunda
sonrisa
me levanta de las axilas; no toco el suelo; —me
avergüenza
que alguien vaya a verme caminando como un pájaro
por el jardín. Me avergüenzo
de esta ligereza infantil. Echo anclas aquí en
la ventana,
con las lluvias, con los días soleados, —no me
he cansado de mirar.

Las mañanas de primavera me levanto muy
temprano, a la hora
en que todo brilla tranquilo dentro de nosotros y a
nuestro alrededor, con esa hermosa tristeza
que no tiene motivo ni razón, como la vida misma.
El imperceptible zumbido
del ala de una abeja deja una grande sombra
a lo largo de la transparencia. A veces me siento a oír
las cigarras,
esos minúsculos tamborileros enloquecidos,
alrededor de las aspilleras,
en plenos mediodías cegadores; —sus
voces

δέν ἀφήνουν καθόλου κενά· χτίζουν τά ρήγματα
στά τείχη. Ἐκεῖ κάτω
ἀστράφτει ἡ πεδιάδα τῶν σταχυῶν σ' ἕνα
λαχάνιασμα μαλαματένιο.

Λοιπόν, δέ χόρτασα. Ξεχνιέμαι ἀκόμη κοιτώντας
ἕνα σύννεφο στή δύση,
ἕνα παράξενο σύννεφο σάν καμωμένο ἀπό μικρά
καθρεφτάκια τῆς τσέπης, –
μοῦ ρίχνει τίς λάμψεις του στά μάτια· δέ μ' ἀφήνει
νά σοβαρευτῶ, παρ' ὅτι
αἰσθάνομαι τήν ἔλευση τῆς νύχτας πίσω ἀπ' ὅλες τίς
λάμψεις, παρ' ὅτι
εἶναι μιά γεύση διάχυτη στόν ἀέρα ἀπό στάχτη καί
τριμμένη κανέλα.

Μέ τό φθινόπωρο μ' ἀρέσει νά κοιτάζω τά
ξεθωριασμένα τράμ πού στρίβουν πλάϊ στό
μαιευτήριο,
κάτι μεγάλα σκυθρωπά ἀπογεύματα μέ ὁλόγυμνα
δέντρα,
κ' οἱ φωνές τῶν παιδιῶν, κάτω στό γήπεδο, εἶναι
τόσο θλιμμένες
καί τόσο ἀνυποψίαστες μαζί.
Ἀπ' τό δυτικό παράθυρο
φαίνεται καί τό κοιμητήρι μέ τ' ἀγάλματα πίσω ἀπ'
τόν ἐλαιώνα –
μαρμάρινοι ἔφηβοι, μαρμάρινα πουλιά, μαρμάρινοι
ἄγγελοι μέ μεγάλες φτεροῦγες –

no dejan vacío alguno; llenan las fisuras en las
murallas. Allá abajo
resplandece la llanura de las espigas con un jadeo
dorado.

No, no me he cansado. Aún me dejo llevar cuando
veo una nube en el poniente,
una nube extraña, como hecha de pequeños espejitos
de bolsillo, —
me lanza sus destellos a los ojos; no me deja ponerme
seria, pese a que
siento la llegada de la noche detrás de todos
los destellos, pese a que
hay un vago sabor en el aire a ceniza y canela
rallada.

Con el otoño me gusta ver los descoloridos
tranvías que giran junto
a la maternidad,
unas tardes largas y sombrías con árboles
desnudos,
y las voces de los niños, abajo en la cancha,
son tan tristes
y al mismo tiempo tan confiadas.
Desde la ventana que da a poniente
se ve el cementerio con sus estatuas más allá
del olivar—
efebos de mármol, pájaros de mármol, ángeles de
mármol con grandes alas—

ἐπάνω τους ἀνάβουν καί σβήνουν πολύχρωμες οἱ
φλόγες τῆς δύσης.

Ὥσπου βραδιάζει, καί λευκάζουν γαλήνια τ'
ἀγάλματα – ἕνα ἀπόμακρο ἄσπρο
πραΰντικό καί παρήγορο· κ' ἔρχεται ἡ νύχτα νά τό
ἀλλάξει
σ' ἕνα γαλάζιο μαργαριταρένιο μέ ρόδινες
ραβδώσεις. Ἐκεῖ πέρα
εἶναι καί τό ἀγαλμάτιο τῆς σφαγμένης κόρης, μικρό
σάν ἕνα δόντι
πού σέ βασάνισε πολύ, καί τὄβγαλες, καί πιά δέ σέ
πονάει. Τά μεσάνυχτα
ακούω νά πλαταγίζει ἕνα τραπεζομάντιλο σ' ἕνα
τραπέζι τοῦ κήπου.
Ἕνα καράβι περνάει μές στόν καθρέφτη. Μιά
σκοινένια σκάλα
κρεμιέται στόν πολυέλαιο τῆς σάλας. Αἰσθάνεσαι
τήν ὑγρασία πού πέφτει στά παγκάκια τῶν πάρκων·
τίς λειχῆνες
πού ντύνουν λίγο-λίγο τά ἀγάλματα. Κ' ὕστερα πάλι
ἡσυχία.

Τίποτε πιά δέν περιμένω. Ἐδῶ τελειώνω. Μόνο
ἐπάνω στόν κλειστό γυναικωνίτη
ἀκούγεται τίς νύχτες ἀσταμάτητος κεῖνος
ὁ χτύπος
ἀπό τή χτένα τοῦ ἀργαλειοῦ, κάτι ὑφαίνοντας,
(δέν τόν ἀκοῦτε;) –

sobre ellos se encienden y se extinguen policromas
    las llamas del ocaso.

Hasta que oscurece, y las estatuas serenas
    emblanquecen—un blanco remoto
que alivia y consuela; y llega la noche a
    cambiarlo
por un azul nacarado con cintas rosadas. Allá,
    a lo lejos,
está la estatuilla de la muchacha degollada, pequeña
    como un diente
que te torturaba, lo extrajeron, no te duele más.
    A medianoche
oigo restallar un mantel en una de las mesas
    del jardín.
Un barco pasa navegando por el espejo. Una escalera
    de cuerda
cuelga del candelabro de la sala. Sientes
la humedad que cae sobre los bancos de los parques;
    los líquenes
que poco a poco visten a las estatuas. Y luego,
    nuevamente la quietud.

Ya no espero nada. Aquí termino. Sólo arriba,
    en el clausurado gineceo,
por las noches sigue oyéndose el incesante
    golpeteo
del peine del telar, algo se está tejiendo
    (¿no lo oye?)—

ἕνα ὕφασμα ἀτελείωτο μέ ἀόριστα σχέδια, σέ
ἀόριστο χρόνο,
σέ ἀόριστη μυστική ἀναμονή. Μπορεῖ καί νἆναι
κάποια ξεχασμένη βάβω
ὑφαίνοντας τά τελευταῖα προικιά μου, ἐμένα, τῆς
ἀνύμφευτης· ἤ πάλι
μπορεῖ καί νἆμαι ἡ ἴδια ἐγώ, περιμένοντας – τί; –
μήτε πού ξέρω.

Ἄ, ναί, περίμενα πώς κάποιος, κάποτε, θἀρχόταν νά
πάρει
τό ὕφασμα ἐκεῖνο καί τό μυστικό τῆς ὕφανσης – ἡ
ἴδια ἐγώ νά τό ἀποθέσω
πάνω στά γόνατά του, ὅπως τώρα, σ' ἐσᾶς, αὐτά τά
λόγια,
σά νἆχει μόνο αὐτό μιά σημασία.
Πολύ σᾶς κούρασα, καλή μου φίλη.
Κι ἐγώ εἶμαι κουρασμένη. Συγχωρῆστε με. Τώρα
μπορῶ νά φύγω,
εὐτυχισμένα κουρασμένη, δίχως ὄνειρα πιά κι
ἐπιθυμίες
μόνο μέ τήν ἀπέραντη κι ἐξαίσια ἐπιθυμία νά ζητῶ
συγγνώμη
ἀπ' ὅλους κι ἀπ' ὅλα.
Συγγνώμη. Συγγνώμη. Συγχωρῆστε με
ἐμένα τήν ἀσήμαντη, πού γιά πράξη καμμία
νά περηφανευτῶ δέν ἔχω –τίποτε. Μονάχα τούτη ἡ
ἀναγάλλια
νά σᾶς ζητῶ συγγνώμη, – εὐχαριστῶ – κι ἡ ὑστάτη
μου συγγνώμη

una tela interminable de dibujos imprecisos,
en un tiempo impreciso,
en una espera mística e imprecisa. Quizá sea alguna
abuela olvidada
que teje lo último de mi ajuar, el mío, para mí,
la novia sin casar; pero también
puede que sea yo, esperando—¿qué?—no
lo sé.

Ah, sí, esperaba que alguien, algún día, viniera
a buscar
la tela aquella y el secreto de su textura; —yo misma
la pondría
en sus rodillas, como pongo ahora en las suyas estas
palabras,
como si sólo eso tuviera un sentido.
La he cansado, querida amiga.
Y yo también estoy cansada. Perdónenme.
Ahora puedo irme,
felizmente cansada, sin sueños
y sin anhelos,
con el único anhelo infinito y maravilloso de pedir
perdón
a todos y a todo.
Perdón. Perdón. Perdónenme
a mí, la insignificante, que de ningún acto
puedo enorgullecerme—de ninguno. No tengo más
que el consuelo
de pedirles a ustedes perdón, —gracias; —y la última
indulgencia

γιά μένανε τήν ἴδια – ἀπό καιρό προετοιμασμένη κι
ἴσως δικαιωμένη.

(Ἔχει σκοτεινιάσει. Σιωπή. Ἡ νεαρή δημοσιογράφος μαζεύει τά χαρτιά της, φανερά συγκινημένη. «Συγγνώμη», εἶπε μόνο. «Σᾶς κούρασα πολύ», ἔτσι σάν μακρινή ἠχώ, κ' ἔκανε νά φιλήσει τό χέρι τῆς Δέσποινας. Ἐκείνη τό ἀποτράβηξε διακριτικά. Σέ λίγο, ὁ κρότος κ' ἡ φλόγα ἑνός σπίρτου, μέσα σέ κάτι ἀπέραντο καί ἄηχο. Ἄναψε τό κηροπήγιο. Ἔφεξε τή μέσα σκάλα. «Συγγνώμη», ξανάπε ἡ δημοσιογράφος κ' ἔσφιξε κάτω ἀπ' τή μασχάλη της τό χαρτοφύλακα με τή στενογραφημένη συνέντευξη –βεβαία γιά τήν προσωπική της ἐπιτυχία. Καθώς περνοῦσε ἀπ' τόν κῆπο, σκόνταψε σέ κάτι μαλακό κ' ἐπίμηκες. Ἀνατρίχιασε. Θυμήθηκε τούς ἀρουραίους. Εἶταν ὁ λαστιχένιος σωλήνας τοῦ ποτίσματος. Τά παγκάκια τοῦ κήπου γυάλιζαν ἀπ' τήν ὑγρασία ἀντανακλώντας τήν ἀστροφεγγιά. Ἀπέραντος, βαθύς οὐρανός. Μυστική, κουρασμένη εὐδαιμονία.

Τή μέρα πού δημοσιεύτηκε ἡ συνέντευξη, ἡ γηραιή Δέσποινα εἶχε πεθάνει. Δυό κλειστές ἅμαξες συνόδεψαν τό φέρετρό της –τρεῖς ὑπερήλικες συγγενεῖς, ὁ γέρο-κηπουρός κ' ἡ νεαρή δημοσιογράφος μέ τήν ἐφημερίδα στά χέρια της.

Ἡ συνέντευξη ἔκανε, πράγματι, μεγάλη ἐντύπωση. Βγῆκε σέ ξεχωριστό βιβλίο, σέ ἀλλεπάλληλες ἐκδόσεις. Κ' ἔβλεπε στώρα, συχνότατα, τά ἀνοιξιάτικα ἤ θερινά ἀπομεσήμερα, τίποτα νεαρά ζευγαράκια ἤ γεροντοκόρες ἤ καί ποδοσφαιριστές ἀκόμη, ν'

es para mí misma—tiempo ha preparada y tal vez
justificada.

(Ha oscurecido. Silencio. La joven periodista recoge sus papeles, visiblemente conmovida. Sólo dijo: «Perdón. La he cansado», así como un eco lejano, e intentó besar la mano de la Señora. Ésta la retiró discretamente. Al poco, el ruido seco y la flama de una cerilla, dentro de algo inmenso y sordo. Encendió el candelabro. Iluminó la escalera interior. «Perdón», volvió a decir la periodista y se puso bajo la axila la carpeta con la entrevista estenografiada—segura de su éxito personal. Cuando atravesaba el jardín, tropezó con algo suave y alargado. Se estremeció. Se acordó de las ratas. Era la manguera de plástico para el riego. Los bancos del jardín brillaban por la humedad reflejando la luz de las estrellas. Un cielo infinito, profundo. Un bienestar secreto, fatigado.

El día en que se publicó la entrevista, había muerto la vieja Señora. Dos carros cerrados acompañaban su ataúd—tres ancianos parientes suyos, el viejo jardinero y la joven periodista con el diario en la mano.

La entrevista produjo, verdaderamente, una fuerte impresión. Se publicó como un libro suelto en sucesivas ediciones. Y ahora se ven, con mucha frecuencia, durante las tardes de primavera o de verano, parejas de jóvenes o viejas solteronas o incluso futbolistas depositar un ramillete de violetas o flores silvestres sobre su tumba, al lado de las grandes coronas ofi-

ἀφήνουν ἕνα ματσάκι μενεξέδες ἤ λίγα ἀγριολούλουδα στόν τάφο της, πλάϊ στά μεγάλα ἐπίσημα στέφανα πού καταθέταν κάθε τόσο διάφορες καλλιτεχνικές, ἐπιστημονικές, φιλανθρωπικές ἤ πολιτικές ὀργανώσεις.

Κάποιο πρωϊνό, στά πέτρινα σκαλιά κείνου τοῦ τάφου, βρῆκαν νεκρό τό γέρο-κηπουρό. Κρατοῦσε λίγα ἄσπρα τριαντάφυλλα, τό κλουβί μέ τά καναρίνια, μιά μενεξεδένια ὀμπρέλα, – πιθανόν νά τήν εἶχε φέρει μήν καί βραχεῖ τό ἄγαλμα τῆς Κυρίας του. Χτές βράδυ εἶχε πρωτοβρέξει. Στά γένεια του μέναν ἀκόμη κάτι βροχοστάλες).

ΓΥΑΡΟΣ, ΛΕΡΟΣ, ΣΑΜΟΣ,
Μάης 1967 - Ιούλιος 1970

ciales que de cuando en cuando llevan diversas organizaciones artísticas, científicas, filantrópicas o políticas.

Una mañana, sobre los escalones de piedra de aquella tumba, hallaron muerto al viejo jardinero. Llevaba un manojo de rosas blancas, la jaula de los canarios, una sombrilla violeta, —probablemente para que no se mojase la estatua de su Señora. La tarde anterior había caído la primera lluvia. En la barba todavía tenía unas cuantas gotas).

Yiaros, Leros, Samos,
mayo de 1967 - julio de 1970

ESTA EDICIÓN, PRIMERA,
DE «CRISÓTEMIS», DE YANNIS RITSOS,
SE TERMINÓ DE IMPRIMIR EN
CAPELLADES EN EL
MES DE JUNIO
DEL AÑO
2011